WEGE ZUM
NATURGARTEN

Peter Richard

Peter Richard

WEGE ZUM NATURGARTEN

Gärten umgestalten und bepflanzen

Haupt Verlag

Peter Richard, 1961 geb., Landschaftsgärtner und Gartengestalter. Nach der Lehrzeit arbeitete er in verschiedenen Betrieben und erkannte rasch, dass der konventionelle Gartenbau nicht seinen Lebensinhalt bilden sollte. Er ist heute Inhaber eines auf Naturgartengestaltung spezialisierten Unternehmens in der Schweiz.

1. Auflage: 2021

ISBN 978-3-258-08220-2

Gestaltung und Satz: pooldesign, Zürich

Wir verwenden FSC-Papier. FSC sichert die Nutzung der Wälder gemäß sozialen, ökonomischen und ökologischen Kriterien.

Gedruckt in Deutschland

Diese Publikation ist in der Deutschen Nationalbibliografie verzeichnet.
Mehr Informationen dazu finden Sie unter http://dnb.dnb.de.

Der Haupt Verlag wird vom Bundesamt für Kultur mit einem Strukturbeitrag für die Jahre 2021–2024 unterstützt.

Wir verlegen mit Freude und großem Engagement unsere Bücher. Daher freuen wir uns immer über Anregungen zum Programm und schätzen Hinweise auf Fehler im Buch, sollten uns welche unterlaufen sein. Falls Sie regelmäßig Informationen über die aktuellen Titel im Bereich Natur & Garten erhalten möchten, folgen Sie uns über Social Media oder bleiben Sie via Newsletter auf dem neuesten Stand.

www.haupt.ch

INHALT

VORWORT

Was kann ich aus meinem Garten machen? Wie könnte mein Traumgarten aussehen? Diese Frage stellen sich jährlich Hunderte, vielleicht sogar Tausende Gartenbesitzende. In traditionellen Gartenländern wie England oder Japan ist die Bedeutung des grünen Zimmers vor der eigenen Haustür schon lange bekannt. Im deutschsprachigen Europa hat das Thema «Garten» mittlerweile ebenfalls an Relevanz gewonnen – doch gibt es noch viel Entwicklungspotenzial.

Gärten der Zukunft

Angesichts der aktuellen Umweltsituation – Stichwort «Verlust der Biodiversität» oder «Klimaveränderung» – wird die Bedeutung von Gärten sowohl im öffentlichen als auch im privaten Raum weiter an Bedeutung gewinnen; davon bin ich jedenfalls überzeugt. Auch das Gartenbild oder im besten Fall sogar die Gartenkultur wird sich verändern: weg von reduzierten, aufgeräumten und architektonisch gestalteten Zier- und Prestigegärten hin zu einem naturnahen Gartenverständnis. Denn tatsächlich schlummert in unseren Grünflächen ein großes Potenzial für die Erhaltung der Biodiversität.

Naturgärten sind Lebensräume für Pflanzen und Tiere sowie wertvolle Oasen und Rückzugsorte für uns selbst. Im eigenen Garten können wir schalten und walten, wie es uns beliebt und unseren Lebensbereich ganz nach unseren Vorstellungen und Bedürfnissen gestalten. Wir haben es in der Hand, eine Insel im Siedlungsraum zu gestalten, die auch für Vögel, Wildbienen, Schmetterlinge, Amphibien und andere Tiere eine vielfältige Oase ist, indem wir heimischen Pflanzenarten den Vorzug geben und uns von gängigen Sauberkeits- und Ordnungsvorstellungen verabschieden. Tiere bedürfen nämlich nicht nur heimischer Pflanzenarten zum Überleben, sondern benötigen auch ein gewisses Maß an scheinbarer Unordnung, damit sie sich entwickeln können.

Die vergangenen Sommer haben gezeigt, dass Außenräume ohne natürliche Beschattung kaum mehr bewohnbar sind. «Grün statt Grau» heißt deshalb die Devise der Zukunft, auch und gerade in Städten und in Wohnsiedlungen. Bei der heute angesagten verdichteten Bauweise verschwinden jedoch immer mehr zusammenhängende, großzügige Grünflächen zugunsten von Tiefgaragen und Gebäudeflächen. Die übrig bleibenden schmalen Grünstreifen werden dann oft zu Ungunsten der Natur und des Klimas mit fremdländischen Bodenbedeckern und Sträuchern vollgepflanzt; Hauptsache sauber und pflegeleicht. Es ist zu wünschen, dass seitens der Baubehörden Regeln erlassen werden, die solche Grünanlagen in Zukunft unmöglich machen. Fortschrittliche Gemeinden haben solche Bestimmungen bereits erlassen und zum Beispiel die sterilen Schottergärten, wie sie in den letzten Jahren immer häufiger gebaut wurden, verboten.

In den vergangenen zehn Jahren hat sich gezeigt, dass viele unserer heimischen Sträucher und Stauden sehr trockenheitsresistent sind. Allen voran Pflanzen aus den Lebensbereichen Trocken- und Halbtrockenrasen, Ruderalflur, trockenwarmes Gebüsch oder trockenwarme Krautsäume. In Gärten werden wir in Zukunft daher vermehrt Pflanzenarten aus diesen Lebensräumen einsetzen und damit Gärten bauen, die zukunftsfähig sind.

Vorher-Nachher-Beispiele

Wie es aussieht, wenn Gärten naturnah gestaltet sind, möchte ich in diesem Buch aufzeigen, indem Gärten vor und nach der Umgestaltung porträtiert werden. Die Unterschiede sind oft frappant, manchmal muss man allerdings auch genauer hinschauen, um sie feststellen zu können. Allen Projekten, die in diesem Buch aufgezeigt werden, ist jedoch eines gemeinsam: Sie wurden zusammen mit den Gartenbesitzenden entwickelt. Auf diese Weise gelang es, sowohl den Bedürfnissen der Besitzer nachzukommen als auch dafür zu sorgen, dass deren Gärten ökologisch wertvolle Oasen werden konnten.

Mit der Art und Weise, wie wir unseren Garten gestalten, haben wir es in der Hand, einen Beitrag zur Erhaltung der Biodiversität zu leisten.

AUF DEM WEG ZUM NATURGARTEN – VON DER IDEE ZUR UMSETZUNG

Ob groß oder klein, Privatgarten oder Firmenareal: Im Grunde hat jede Grünfläche das Potenzial, zu einem vielfältigen Lebensraum für Menschen, Pflanzen und Tiere zu werden. Damit dies gelingen kann, muss die Gartengestaltung jedoch gut bedacht und geplant werden; schließlich handelt es sich dabei um eine Investition, die für einige Jahrzehnte Bestand haben soll. Entsprechend ist die Planungsphase ein sehr wichtiger Schritt auf dem Weg zu einem schönen und funktionierenden Naturgarten. Wird dieser Teil weggelassen, sind permanente Korrekturen und Anpassungen während der Bauphase unvermeidbar, was nicht nur Nerven, sondern im schlechtesten Fall auch viel Geld kostet. Fällt das Endresultat dann auch noch unbefriedigend aus, ist der Frust groß.

Wünsche und Vorstellungen formulieren

Wer sich eine Gartenneugestaltung wünscht, sollte nicht als Erstes in den Baumarkt fahren, sich mit Werkzeug, Gartenplatten und Holzlatten eindecken und gleich loslegen, sondern sich zuerst ausführlich Gedanken über die eigenen Wünsche und Bedürfnisse machen. In der ersten Phase geht es also darum, zunächst einmal alle Vorstellungen und Träume – und seien sie auch noch so verrückt – aufs Papier zu bringen. Sammeln Sie Bilder aus Zeitschriften oder Büchern von Gärten, die Ihnen besonders gefallen oder besuchen Sie eine Gartenmesse und lassen Sie sich von den verschiedenen Gartenstilen und Schaugärten inspirieren. Beantworten Sie sich die Frage, was Ihnen und/oder Ihren Familienmitgliedern im Garten wichtig ist:

- Welche Pflanzen lieben Sie, welche mögen Sie nicht?
- Wie viel Zeit möchten oder können Sie im Garten verbringen? Wieviel davon mit Arbeiten und wieviel mit Entspannen und Genießen?
- Welche Gartenräume sind Ihnen wichtig?
- Welche «Funktionen» sollte der Garten haben? Braucht er einen Spielplatz oder eine Feuerstelle? Oder vor allem lauschige Sitzplätze und Nischen?
- Wo halten Sie sich gerne/lieber auf? Im Schatten oder in der Sonne?
- Welche Materialien mögen Sie?
- Welcher Stil sagt Ihnen zu? Welche Formen und Farben mögen Sie?

Den Ist-Zustand analysieren

Sind die eigenen Wünsche und Vorstellungen notiert, geht es in einem weiteren Schritt darum, das Gelände zu analysieren. Insbesondere, wenn die gewünschte Gartenumgestaltung über eine reine Neubepflanzung hinausgehen sollte, sind umfassendere Grundlageninformationen nötig.

Grundlagen beschaffen

Während bei einem Neubau die notwendigen Grundlagen wie Baupläne oder Geländeaufnahmen in der Regel vorhanden sind, müssen sie bei einer Gartenumgestaltung meist erst beschafft werden. Gelände- und Vegetationsaufnahmen sind zentral, um die aktuelle Situation aufzuzeichnen und mit diesen Daten einen Grundlagenplan in einem geeigneten Maßstab zu erarbeiten (für den Hausgarten idealerweise im Maßstab 1:100 – das heißt, 1 cm auf dem Plan entspricht 1 m in der Realität). Dazu gehören:

- Katasterpläne (Situation 1:500, in der Regel beim örtlichen Katasteramt erhältlich)
- Leitungspläne von Strom, TV, Telefon, Gas, Kanalisation, Wasser (kann im Internet heruntergeladen oder bei den zuständigen Werken angefragt werden)
- Geländeaufnahmen (Geländehöhen, alle wichtigen Bauten wie Wege, Plätze, Teiche, Nebenbauten)
- Vegetationsaufnahmen (Bäume mit Stamm- und Kronendurchmesser, Sträucher, Hecken, Staudenflächen, Wiese, Rasen)
- Fotos vom Ist-Zustand (falls vorhanden, können auch Fotos vom Aushub oder Bau des Gebäudes hilfreich sein)
- Aktuelle Baureglements (meist auf den Websites der Gemeinden verfügbar)
- Servitute oder Grundbucheinträge über Dienstbarkeiten gegenüber Nachbarn oder der Gemeinde

Klima und Mikroklima analysieren

Das Klima hat einen großen Einfluss auf den Garten und fällt je nach Gebiet oder Region unterschiedlich aus. So herrschen im voralpinen Appenzell selbstredend andere Bedingungen vor als im warmen Rheintal zwischen Freiburg und Basel, und wieder andere Bedingungen in Wien oder in Niedersachsen. Diese Klimaregionen sind insbesondere bei der Wahl der Pflanzen sehr wichtig. Die richtige Klimazone kann anhand einer Karte oder mithilfe einer Internetrecherche einfach und schnell bestimmt werden.

Von noch größerer Bedeutung sind für mich als Gartengestalter jedoch die verschiedenen Mikroklimas rund um das Gebäude: Ist der Garten stark besonnt? Liegt er in Hanglage oder in ebenem Gebiet? Ist der Boden eher trocken oder eher feucht? Diese Faktoren sind entscheidend, um das eigentliche Potenzial des Gartens zu entdecken. Um dieses zu bestimmen, nimmt man am besten eine Kopie des Aufnahmeplans und ermittelt dann Schritt für Schritt die verschiedenen Mikroklimabereiche des Grundstücks. Dabei interessieren Sonnenscheindauer, Feuchtigkeitsgehalt des Bodens, Beschattung und Wurzelkonkurrenz von allfällig vorhandenen Bäumen und Sträuchern sowie spezielle Situationen wie überschüttete Flächen von Tiefgaragen oder Fundamente von Bauten.

Auf dem Plan werden dann, am besten mit unterschiedlichen Farben, die verschiedenen Zonen eingezeichnet. Sie helfen uns später, für jede Zone die richtigen Pflanzengesellschaften zu finden, die langfristig an diesem Ort gedeihen können.

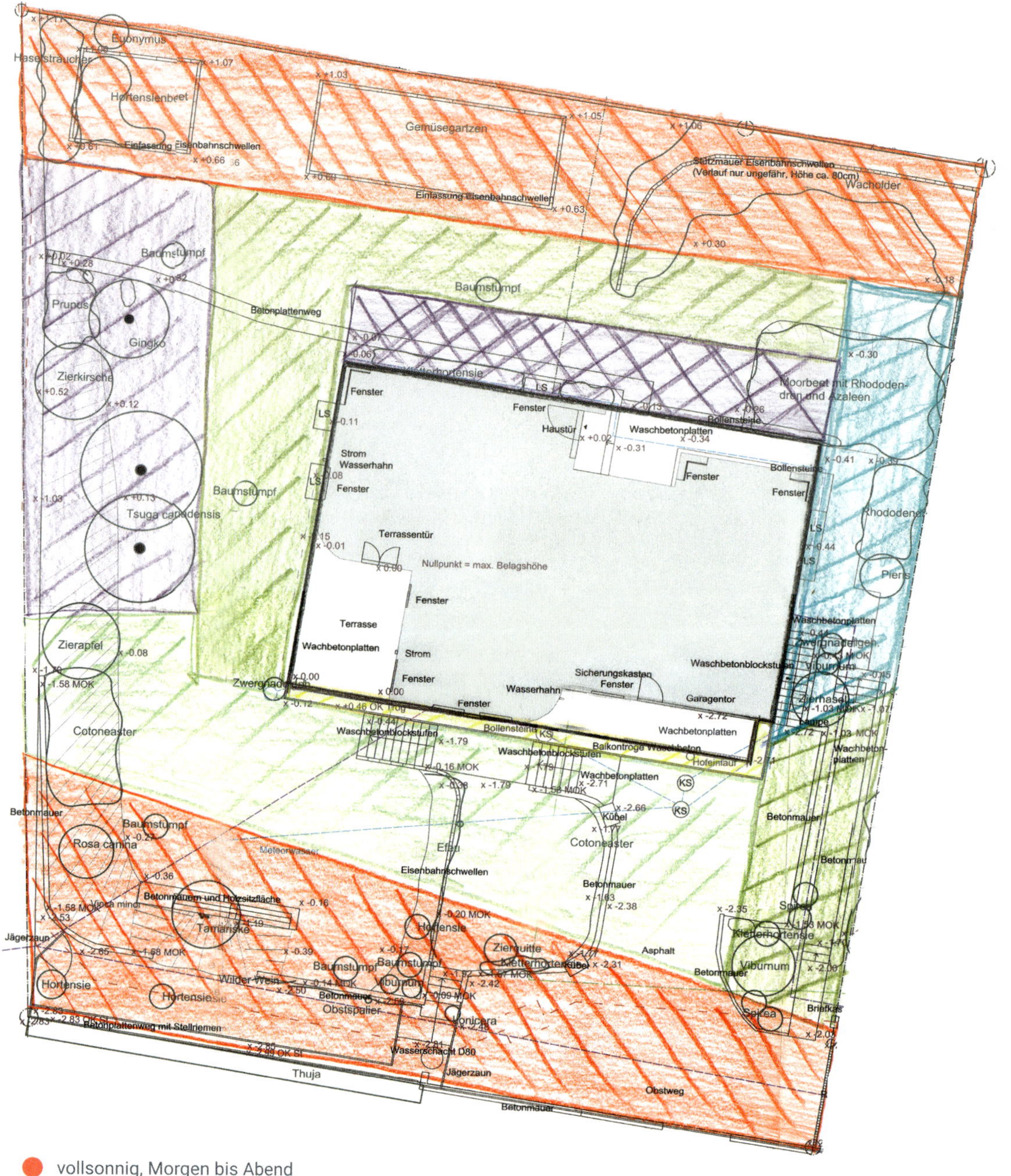

- vollsonnig, Morgen bis Abend
- Tiefschatten
- halbschattig
- sonnig (ohne Morgensonne)
- Morgensonne
- sonnig, heiß, trocken

Ein Gebäudeplan mit Klimazonen ist hilfreich, um für jeden Bereich die richtigen Pflanzen zu finden.

Ein Konzept entwickeln

Sind die nötigen Grundlagen beschafft und die (Mikro-) Klima-Bereiche analysiert, kann man sich daran machen, das eigentliche Konzept zu entwickeln. Dabei steht das Bestreben im Zentrum, die Qualitäten des Standortes mit den Wünschen der Gartenbesitzer möglichst gut miteinander in Einklang zu bringen. Der Prozess hin zu einem fertigen Konzept kann mitunter aufwendig und schwierig sein, doch ist diese Arbeit auch sehr beglückend: Schließlich handelt es sich dabei um einen kreativen Prozess, an dessen Ende ein fertiger Plan für den eigenen, individuellen Naturgarten stehen soll.

Das Gartenkonzept ist die Grundlage für einen stimmigen, gut gestalteten Garten. Wünsche und Rahmenbedingungen werden zu einem harmonischen Ganzen vereint und auf Papier festgehalten.

Das räumliche Konzept

Einen Garten kann man sich als offenen Raum vorstellen, ein bisschen wie ein Haus oder eine Wohnung, in dem oder der die Wände fehlen. In einem ersten Schritt geht es darum, diesen Raum in verschiedene Zimmer einzuteilen und diese entsprechend ihrer jeweiligen Nutzung auszurichten. So kann es beispielsweise ein schattiges Zimmer für heiße Sommertage, eines für den Anbau von Beeren und Gemüse, eines zum Spielen und eines für die gemütliche Außenfeuerstelle geben. Die einzelnen Zimmer müssen dabei so angelegt werden, dass sie auch mit den mikroklimatischen Bedingungen harmonieren und sich – auch ohne Wände – voneinander abgrenzen lassen. Auch sollte auf die Größe der einzelnen Räume geachtet werden, denn in zu großen Zimmern fühlen sich einzelne Menschen oder kleine Gruppen schnell unwohl. Umgekehrt kann eine geschickte Einteilung in verschiedene Zimmer den Garten größer und auch vielfältiger erscheinen lassen, als er eigentlich ist. Schon manch ein Hausbesitzer hat gestaunt, was sich mit einer klugen räumlichen Gestaltung aus einem kleinen Reihenhausgarten machen lässt.

Es lohnt sich, das entstehende räumliche Konzept immer wieder kritisch zu überprüfen: Wurden alle Wünsche und Bedürfnisse wirklich berücksichtigt? Wird der verfügbare Raum sinnvoll und gut genutzt? Gibt es ausreichend Platz für den großen Esstisch? Und sind die Wege so angelegt, dass man sich frei bewegen kann und nicht dauernd Umwege machen muss?

Das formale Konzept

Naturgärten werden oft mit mäandernden Formen assoziiert, während gerade oder geometrische Linien verpönt zu sein scheinen. Das hat vielleicht damit zu tun, dass man geschwungene Linien eher mit «Natur» assoziiert als klare, geordnete Linien.

Bei der Festlegung der Form des Gartens sollte es aber gerade nicht primär darum gehen, die Natur zu imitieren, sondern darum, eine einfache,

Der Garten ist ein Raum, der durch das Aufteilen in einzelne Gartenzimmer spannend wird. Nischen, Ecken und Plätze, die verschiedene Qualitäten in Bezug auf Licht und Schatten oder die Nutzung bieten, machen einen Garten zur eigentlichen Wohlfühloase.

zurückhaltende Grundlage zu schaffen, auf der sich Natur über die Zeit entwickeln kann. Das Weiche, Geschwungene, das Romantische und Ungeplante schafft die Natur von selbst – wenn wir es zulassen! Ein bisschen Struktur in den Garten zu bringen, ist daher auf alle Fälle wichtig, denn je klarer die Grundgestaltung des Gartens ist, desto besser wirken später die ungeplanten Formen der Natur. Gerade dieses Aufeinandertreffen von klar Gestaltetem und wilden Aspekten macht schließlich auch den optischen Reiz eines naturnahen Gartens aus.

Anbauten und Nebengebäude

Die Gestaltung von Nebengebäuden wie Carports, Garten- und Gewächshäusern sollte genauso in die Grundplanung des Gartens einfließen wie Lauben, Pergolen und Hochbeete. Einerseits ist es wichtig, für diese Gartenelemente die richtigen Standorte zu definieren, andererseits benötigt man für Nebenbauten in der Regel eine Baugenehmigung. Da die Mühlen der Verwaltung manchmal langsam mahlen, ist es wichtig, diese frühzeitig beim Bauamt einzureichen, damit die Umsetzung der Gartengestaltung dann nicht verzögert wird. Auch die Größe und die für die Bauten verwendeten Materialien sollten auf die anderen Gartenelemente abgestimmt werden, damit diese sich dann später nicht als Fremdkörper entpuppen. Sinnvoll ist es auch, allfällige Erschließungsleitungen für Strom, Wasser, Gas oder WLAN bereits bei den Erdarbeiten zu verlegen. Leitungen, die nachträglich verlegt werden müssen, verursachen nicht selten hohe Kosten und erfordern den Rückbau von bereits erstellten Wegen und Anlagen. Der Gartenarchitekt wird auch dafür sorgen, dass Leitungen nicht im Bereich von Bäumen und Sträuchern liegen, damit sie immer zugänglich sind.

Pflanzen und Lebensgemeinschaften

Bei der Festlegung der Bepflanzung empfiehlt es sich, zuerst mit dem «Gerüst» des Gartens anzufangen, und das heißt: mit den Bäumen und Sträuchern. Sie sind sozusagen die Protagonisten des Gartens, denn mit ihnen werden Räume gebildet, Schattenplätze gestaltet und Sichtschutz geschaffen. Ergänzt werden sie dann durch verschiedene Stauden, die den unterschiedlichen Standorten optimal angepasst sind. Für eine beständige Pflanzung bauen wir auf den bestehenden Bodenstrukturen auf und wählen die Pflanzengemeinschaften entsprechend aus. Es macht keinen Sinn, Oberboden 30 cm tief abzutragen und ein Kiesgemisch aufzutragen, wenn sich darunter ein verdichteter Lehmboden befindet. Solche Anlagen sind nur in den ersten Jahren beeindruckend. Nach und nach macht sich dann ihr Untergrund bemerkbar, was dazu führt, dass sich die darüber angepflanzten trockenheitsliebenden Stauden oder Gehölze verabschieden.

Es überrascht nicht, dass bei der Auswahl der Pflanzen deren Ansprüche an Klima und Boden bekannt sein müssen. Des Weiteren sollten wir uns darüber im Klaren sein, wie breit und hoch die jeweiligen Pflanzen dereinst werden und wie sie sich untereinander vertragen: Nicht alle Pflanzen mögen sich gleich gut, und entsprechend gedeihen sie je nach Pflanzen in der Nachbarschaft mehr oder weniger gut.

Im Naturgarten bevorzugen wir einheimische Arten, um so eine Lebensgrundlage für verschiedene einheimische Tiere zu bieten. Wer ortsfremde Pflanzen – sogenannte Neophyten – anbaut, wird vergebens auf Vögel und Insekten warten, denn diese sind auf die Blüten und Früchte von Schlehdorn, Hundsrose, Liguster oder Heckenkirsche als Nahrungsgrundlage angewiesen.

Bei der Planung eines Gartens denkt man in anderen Zeiträumen als wir es uns gewohnt sind. Bäume und Sträucher benötigen Jahre, oft auch Jahrzehnte, bis sie sich zu ihrer individuellen Form und Größe entwickelt haben. Bei der Pflanzenauswahl müssen wir neben den Boden- und Lichtansprüchen auch die Größe einer Pflanze berücksichtigen.

In meinen Augen macht es auch keinen Sinn, in neu angelegten Gärten Spezialitäten zu pflanzen, die meist sehr hohe Ansprüche an die Bodenverhältnisse haben. Diese können, wenn es denn gewünscht wird, nach einigen Jahren Reifezeit nachträglich noch eingebracht werden.

Grundsätzlich denken wir bei der Planung von Naturgärten nicht in Jahren, sondern in Jahrzehnten. So lange dauert es, bis sich ein Apfelbaum oder eine Strauchgruppe zur vollen Größe entwickelt hat. Erst nach dieser Zeit sehen wir, ob die Pflanzplanung nachhaltig war oder nicht. Wenn wir bereits nach drei oder vier Jahren an unseren Sträuchern herumschnippeln müssen, war die Auswahl falsch. Es gibt daher kaum einen besseren Ort als den eigenen Garten, um den zeitlichen Dimensionen der Evolution etwas näherzukommen. Im Garten wird nur belohnt, wer Geduld und Weitsicht mitbringt. Kurzfristiges Denken führt oft zu Enttäuschungen. Entsprechend kann auch erst nach mehreren Jahren wirklich beurteilt werden, ob die Planung des Naturgartens gelungen ist oder nicht.

Nachhaltige Materialien

Zu einem Naturgarten passen nachhaltige Materialien, die in umweltschonenden und sozial verträglichen Produktionsabläufen und möglichst regional angefertigt worden sind. Nachhaltige Materialien haben außerdem meist eine hohe Qualität, sind robust und damit auch langlebig. Für den Naturgarten geeignet sind beispielsweise Naturstein und Holz in ihrer ursprünglichen Form, aber auch Beton oder Recyclingmaterialien, zum Beispiel aus dem Rückbau des vorherigen Gartens, können im Naturgarten Verwendung finden. Wichtig ist, dass den Gartenbesitzern die ausgewählten Materialien gefallen und dass sie sich wohlfühlen, wenn sie von diesen umgeben sind. Daneben gilt es aber natürlich auch darauf zu achten, dass die verwendeten Materialien zu den jeweiligen Standorten und der intendierten Nutzung passen. So wird man einen Vorplatz, auf dem sich Fahrzeuge bewegen, in erster Linie funktional und belastbar mit einem durchlässigen Belag belegen. Für einen Schattenplatz, auf dem wir uns geborgen fühlen sollen, verwenden wir hingegen eher einen Kies- oder Rindenbelag. Der Sitzplatz mit dem Esstisch, an dem wir die meiste Zeit im Garten verbringen, ist dafür mit einem robusten, einheimischen Naturstein ausgelegt.

Machbarkeit und Kosten

Gartengestalter mit sehr viel Erfahrung oder eigenem Ausführungsbetrieb sind in der Regel ein Garant dafür, dass sich die geplanten Maßnahmen problemlos technisch umsetzen lassen. Wer bis zu diesem Punkt alles selbst geplant hat, sollte spätestens zum jetzigen Zeitpunkt einen Gartenbauer mit Naturgartenwissen und Erfahrung beiziehen. Dieser Fachmann wird das Projekt auf Machbarkeit prüfen – und wenn gewünscht – eine Kostenschätzung erstellen.

Arbeitet man von Anfang an mit einer Fachperson zusammen, wird diese schon beim ersten Gespräch das Budget abfragen, denn letztendlich muss sich der Garten auch finanzieren lassen. Was vielen Hausbesitzern nicht bewusst ist, ist, dass eine Gartenanlage auch in Etappen gebaut werden kann. Insgesamt ist das zwar nicht günstiger, doch können die Investitionen so über mehrere Monate oder Jahre verteilt werden.

01

Familiengarten ohne Rasen

Für viele Gartenbesitzende kaum denkbar: ein Garten für Kinder ohne Rasen. Wie sollte das funktionieren? Bestens, wie dieses Beispiel eines kleinen Reihenhausgartens zeigt. «Unsere Kinder genießen im Garten die verschiedenen Plätze, hüpfen auf den Wegen und beobachten mit Inbrunst alles, was da blüht und gedeiht», schwärmt die junge Familie, die diesen Garten in der Nähe des Bodensees bewohnt.

Die Ausgangslage

Als ich die Familie das erste Mal besuchte, traf ich auf einen kleinen Reihenhausgarten, wie man ihn in der Schweiz und in Deutschland überaus häufig sieht: ein mit Betonsteinen ausgelegter Sitzplatz direkt am Haus, eine daran anschließende Rasenfläche und an den Grundstücksgrenzen Hecken und Holzwände als Sichtschutz vor neugierigen Blicken der Nachbarn.

Inspiriert von der räumlichen Gestaltung eines Schaugartens auf einer Gartenmesse, wünschte sich die Familie einen vielfältigen Garten, in dem auch die kleinsten Nischen gestaltet und genutzt werden. Auf der Wunschliste der jungen Familie standen außerdem ein großzügiger, gemütlicher Sitzplatz am Haus, ein Spielbereich für die Kinder, blühende Beete, Baumfrüchte zum Pflücken sowie ein Kräutergarten. Auch die alte Hängeschaukel und der Hochzeitsbaum – ein japanischer Fächer-Ahorn *(Acer palmatum)* – sollten im neuen Garten einen Platz finden, ebenso wie eine Feuerschale. Wie sollte das alles auf eine Fläche von knapp 100 m^2 passen?

Das Konzept

Der Schlüssel zur Lösung liegt in der Aufteilung des Gartens. Gerade bei kleinen Gärten ist es ratsam, die Fläche aufzuteilen und verschiedene kleine «Gartenzimmer» anzulegen. Im Gegensatz zur landläufigen Meinung wirkt eine solche Aufteilung nicht beengend, sondern lässt den Garten sogar größer und weitläufiger erscheinen.

Außerdem wird ein abwechslungsreich gestalteter Garten viel spannender als eine einzige, gleichförmig gestaltete Fläche. Geschickt gegliedert und bepflanzt lässt er je nach Standort verschiedene Ein- und Ausblicke zu und ermöglicht es einem beim Durchschreiten immer wieder Neues zu entdecken. Dieser Grundgedanke ist Basis für alle drei Konzepte, die wir der Familie vorgestellt haben. Entschieden haben sie sich schließlich für die Version «Fuego».

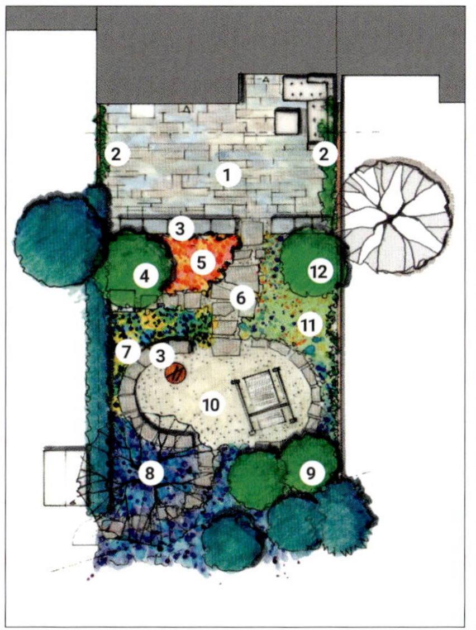

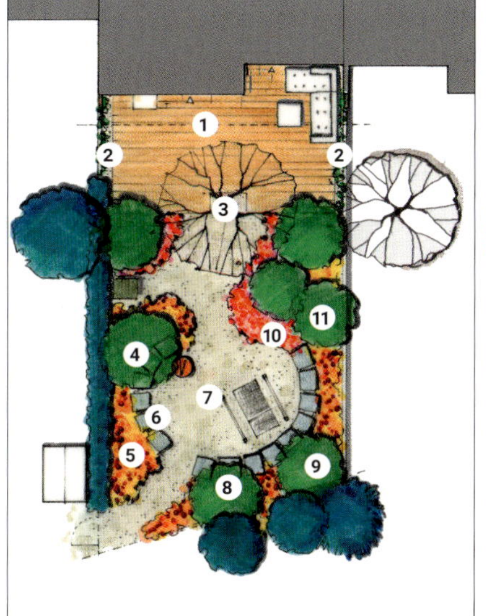

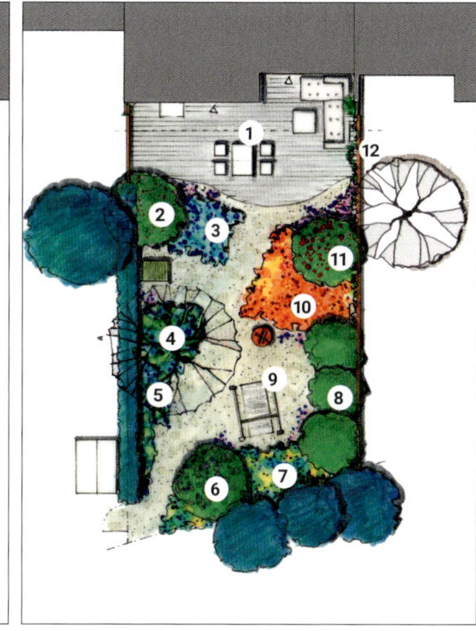

«Fuego»

1 Sitzplatz mit Bodenplatten aus Recyclingmaterial
2 Holzwände (bestehend), bewachsen mit Reben, Clematis und Schlingrosen
3 Sitzmauer aus Recyclingmaterial
4 Aronia
5 «Duftwolke» – Streifen für wunderbar duftende Stauden
6 Schrittplatten aus Recyclingmaterial
7 «Kleine Nachtmusik» – Komposition mit hohen Wildstauden, Nacht- und Königskerzen, Nachtviolen, Glockenblumen u. a.
8 «Morgentau» – Schattensaum mit Veilchen, Hasenlattich, Glockenblumen, Knautie u. a.
9 Liguster und Strauchrose
10 Rundkiesbelag, mit Platz für Schwebe-Schaukel und Feuerschale
11 «Blüemlisalp» – Wiesenblumenbeet mit Margeriten, Flockenblumen, Knautie u. a.
12 Strauchrose

«Madera»

1 Sitzplatz mit Holzdeck aus Lärche
2 Holzwände (bestehend), berankt
3 Fächer-Ahorn, verpflanzt
4 Aronia oder Johannisbeerstrauch
5 «Herbst Zeit Los» – heimische Hochstaudenflur, ergänzt mit Herbstastern, Herbst-Anemonen, Sonnenhut u. a.
6 Sitzsteine aus Rorschacher Sandstein
7 Rundkiesbelag, mit Platz für Schwebe-Schaukel und Feuerschale
8 Cassis
9 Felsenbirne
10 «Tausendschön» – bewachsene Wegränder mit Malve, Tausendgüldenkraut, Wegwarte, Resede u. a.
11 Strauchgruppe mit Färber-Ginster

«Vento»

1 Sitzplatz (bestehend)
2 Johannisbeerstrauch
3 «Morgentau» – Schattensaum mit Veilchen, Hasenlattich, Glockenblumen, Knautie u. a.
4 Weichsel-Kirsche
5 «Räuber Hotzenplotz» – Auslese von üppigen Waldstauden, Farnen und Gräsern
6 Wilder Flieder
7 «Kleine Nachtmusik» – Komposition von hohen Wildstauden mit Nacht- und Königskerzen
8 Strauchgruppe aus Hecht-Rose, Cassis und Rotem Holunder
9 Brechsandbelag, mit Platz für Schwebe-Schaukel und Feuerschale
10 «Herbst Zeit Los» – heimische Hochstaudenflur, ergänzt mit Herbstastern, Herbst-Anemonen, Sonnenhut u. a.
11 Strauchrose
12 Holzwand (bestehend), bewachsen mit Reben

Sitz-, Liege- und Spielbereich

Da der Garten für Baumaschinen nahezu unzugänglich ist, haben wir uns entschieden, den Garten nur mithilfe weniger baulicher Maßnahmen zu gliedern. Als zentrale Strukturelemente haben wir Natursteinblöcke aus Calanca Gneis verwendet. Diese fassen sowohl den Sitzplatz am Haus als auch den neu geschaffenen Spiel-, Liege- und Sitzbereich ein und dienen gleichzeitig als weitere Sitzelemente.

Der triste Betonsteinplatz am Haus wurde von der Größe her belassen, jedoch mit Natursteinplatten aus Tessiner Granit neu ausgelegt. Den zweiten, neu geschaffenen Aufenthaltsbereich haben wir kreisförmig konzipiert und mit einem Kiesbelag versehen. Dort stehen jetzt die Hängeschaukel sowie die Feuerschale und laden zum Verweilen ein.

Kaum zu glauben, was in einem kleinen Reihenhausgarten so alles Platz finden kann: Kinderspielmöglichkeiten, ein Feuerplatz und verschiedene heimische Pflanzenarten.

Verwendete Materialien

- Bodenplatten in Bahnen aus Calanca Gneis
- Sitzsteine aus Calanca Gneis
- Kiesmaterialien: Wandkies 1. Klasse, Straßenkies gebrochen 0–15 mm, Rundkies 4–8 mm aus der Region
- Kompost aus der regionalen Kompostieranlage zur Bodenverbesserung

Ein Blick von Süden zum Haus zeigt, wie viel mehr es in einem Garten mit verschiedenen «Zimmern» zu entdecken gibt.

Der großzügige Sitzplatz wurde mit Natursteinplatten neu ausgelegt. Die Sitzmauer rundet den Sitzplatz nach Süden ab und sorgt für Gemütlichkeit.

Die Bepflanzung

Die ausgewählten Pflanzenkompositionen sind auf den bestehenden Boden abgestimmt, da der Aufwand für einen Bodenaustausch viel zu groß gewesen wäre. Durch die bestehende Ligusterhecke und die neu gepflanzten Sträucher und Bäume sind im Garten auf kleinstem Raum verschiedene Mikroklimas entstanden. Dieser Umstand lässt sich nutzen, um eine große Vielfalt an Lebensbereichen zu schaffen und verschiedene heimische Staudenarten im Garten zu integrieren.

Im hinteren Teil des Gartens wird eine Sauerkirsche in Zukunft für sanften Schatten sorgen, und gleichzeitig lassen sich aus den Früchten wunderbare Fruchtkuchen zaubern.
Ebenfalls für die Küche bestimmt sind die Kräuter, die in der Pflanzenkomposition «Duftwolke» direkt hinter den Sitzsteinen mit integriert sind.
Kletterpflanzen ranken an den beiden bestehenden Holzwänden empor und bedecken nach und nach die unansehnlichen Wände.

Kletterrosen eignen sich besonders für sonnige, trockene Standorte. Sie blühen in verschiedenen Farbtönen ab Juni bis Juli. Einige Sorten remontieren, das heißt, sie bringen im Spätsommer oder im Herbst eine zweite Blüte hervor.

Die Kletterhortensie bevorzugt halbschattige bis schattige Standorte. Sie bildet Haftwurzeln aus und kann so aus eigener Kraft an der Holzwand emporklettern.

as Integrieren von exo- chen Pflanzen ist auch Naturgarten möglich. er ist es ein japanischer cher-Ahorn *(Acer palma- m)*, den die Garten- sitzer als Hochzeits- schenk erhalten hatten.

«Blüemlisalp» ist eine Komposition aus verschiedenen Wiesenblumen, die auch für Kinder attraktiv ist: Hier können sie einzelne Blumen pflücken, ohne ihnen zu schaden, da diese nach dem Rückschnitt nachwachsen und erneut erblühen.

Der Schattensaum entlang einer Hecke bedarf besonderer Aufmerksamkeit. Pflanzen, die hier wachsen sollen, müssen halbschatten- oder schattenverträglich sein und zugleich mit dem Wurzeldruck der Sträucher klarkommen.

Küchenkräuter und Wildstauden lassen sich gerne kombinieren. Die meisten unserer Küchenkräuter stammen aus dem Mittelmeerraum und bevorzugen trockene Standorte. Sie kommen auch mit einem nährstoffarmen Kiesboden sehr gut klar.

Naturverständnis

Mit den Wechselbeziehungen zwischen Flora und Fauna beschäftigt sich die Familie erst, seit sie selbst einen Naturgarten hat. Mittlerweile sind auch die Kinder neugierig darauf, was es im Garten alles zu beobachten und zu entdecken gibt – zum Beispiel die nahrungssuchenden Vögel an den abgeblühten Stauden, die Schmetterlinge an den Wildstauden oder das Eichhörnchen, das zwar in Nachbars Garten wohnt, aber immer wieder einmal auch durch ihren eigenen Garten huscht.

Projektumsetzung in Kurzform

- Ausarbeiten eines Gartenkonzeptes mit drei Gestaltungsvarianten
- Ausarbeiten eines Bauprojektes gemeinsam mit den Gartenbesitzern
- Baustelleninstallation, Schützen von bestehenden Wegen, Fassaden, Pflanzen
- Entfernen der Betonsteine am Sitzplatz, Entfernung der Hängeschaukel
- Ausgraben und Sichern der Pflanzen, die wiederverwendet werden
- Roden von Pflanzen, die nicht weiterverwendet werden
- Rasenfläche abschälen (Rasen mit Wurzeln, eine Schicht von ca. 6 cm) und entfernen
- Aushub erstellen für Wege und Plätze, Oberboden umlagern in Pflanzflächen
- Kiesfundationen für Wege, Plätze und Sitzsteine einbringen (mit LKW-Kran)
- Sitzsteine setzen (mit LKW-Kran)
- Granitplatten verlegen, Kiesbeläge erstellen
- Pflanzflächen aufbereiten und Kompost einbringen

Letztendlich wurde das Konzept «Fuego» mit einigen Anpassungen bei der Materialwahl und der Pflanzenauswahl umgesetzt. Anschließend an den Sitzplatz wünschte sich die Familie außerdem eine kleine Rasenfläche zum Spielen und die Strauchrose wurde durch den Hochzeitbaum (Fächer-Ahorn) ersetzt.

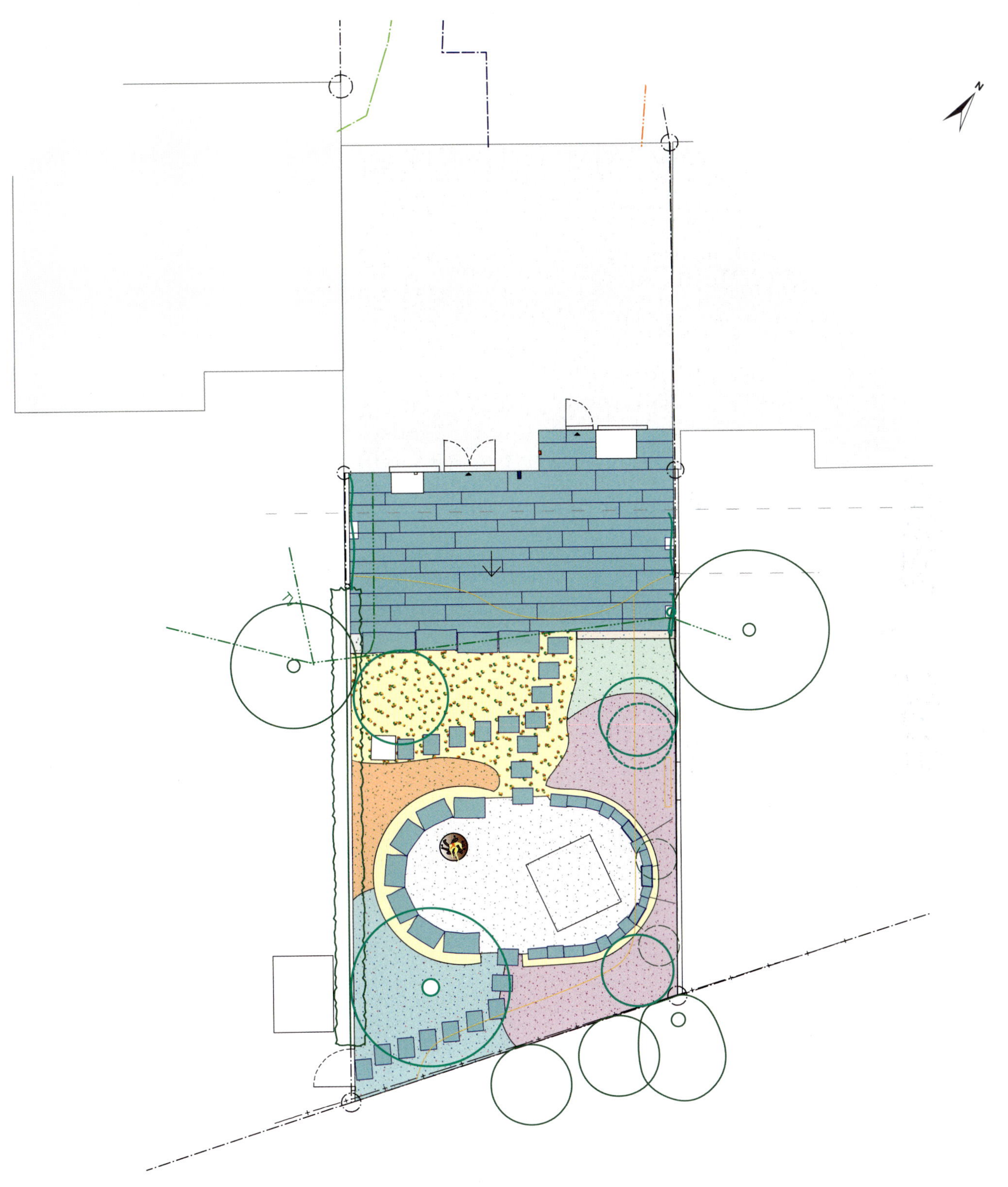

Wildblumenbeet mit Wiesenblumen

Wer keine große Fläche zur Verfügung hat und trotzdem nicht auf Wiesenblumen verzichten möchte, kann diese auch in Form eines gestalteten Wildstaudenbeets in den Garten holen.

Stauden für sonnige Standorte mit trockenem bis normalem Boden
Dichter-Narzisse – *Narcissus poëticus*
Frühlings-Schlüsselblume – *Primula veris*
Gelbe Narzisse – *Narcissus pseudonarcissus*
Kleines Mädesüß – *Filipendula vulgaris*
Moschus-Malve – *Malva moschata*
Weidenblättriges Rindsauge – *Buphthalmum salicifolium*
Skabiosen-Flockenblume – *Centaurea scabiosa*
Wiesen-Bocksbart – *Tragopogon pratensis*
Wiesen-Flockenblume – *Centaurea jacea*
Wiesen-Margerite – *Leucanthemum vulgare*
Wiesen-Salbei – *Salvia pratensis*
Wilde Möhre – *Daucus carota*
Zittergras – *Briza media*

Stauden für halbschattige bis schattige Standorte mit normalem bis frischem Boden
Hohlknolliger Lerchensporn – *Corydalis cava*
Wohlriechendes Veilchen – *Viola odorata*
Schneeglöckchen – *Galanthus nivalis*
Süße Wolfsmilch – *Euphorbia dulcis*
Berg-Flockenblume – *Centaurea montana*
Akelei – *Aquilegia vulgaris*
Brauner Storchschnabel – *Geranium phaeum*
Wald-Witwenblume – *Knautia dipsacifolia*
Himmelsleiter – *Polemonium caeruleum*
Sichelblättriges Hasenohr – *Bupleurum falcatum*
Purpurlattich – *Prenanthes purpurea*

Stauden für sonnige bis halbschattige Standorte mit normalem bis frischem Boden
Akeleiblättrige Wiesenraute – *Thalictrum aquilegifolium*
Behaartes Johanniskraut – *Hypericum hirsutum*
Geflügelte Braunwurz – *Scrophularia umbrosa*
Großes Flohkraut – *Pulicaria dysenterica*
Kuckucks-Lichtnelke – *Silene flos-cuculi*
Märzenglöckchen – *Leucojum vernum*
Nesselblättrige Glockenblume – *Campanula trachelium*
Rote Waldnelke – *Silene dioica*
Schachbrettblume – *Fritillaria meleagris*
Schlangen-Knöterich – *Polygonum bistorta*
Sibirische Schwertlilie – *Iris sibirica*
Wiesen-Bärenklau – *Heracleum sphondylium*
Wiesen-Storchschnabel – *Geranium pratense*

Werden die Blumen nach der Blüte im Frühjahr zurückgeschnitten, erfreuen sie uns im Spätsommer mit einer zweiten.

02

Natur in luftiger Höhe

Um kleinere oder größere Naturgartenparadiese entstehen zu lassen, braucht es nicht zwingend einen Garten vor dem Haus. Auch Terrassen und Balkone lassen sich bestens zu einer grünen Wohlfühloase umgestalten, die gleichzeitig Lebensraum für verschiedene heimische Pflanzen und Tiere ist. Bei der Pflanzenauswahl kommen einem die besonderen mikroklimatischen Verhältnisse in luftiger Höhe sogar entgegen.

Die Ausgangslage

In den vergangenen Jahren sind viele neue Wohnungen entstanden, die teilweise beträchtliche Außenflächen aufweisen. Nicht selten sind es, wie bei dieser Attikawohnung, Terrassen, die die Wohnung umlaufen, sodass sich die an sich große Außenfläche in kleinere, schmale Streifen aufteilt. In diesen schmalen Korridoren eine spannende räumliche Aufteilung zu finden, ist die eigentliche Herausforderung. Es war der Wunsch der Eigentümer, in verschiedenen Bereichen Orte zu schaffen, die das Gefühl vermitteln, in einem Garten mit verschiedenen Zimmern zu leben. Außerdem sollte der dominante Beton, mit dem der gesamte Boden ausgelegt ist, verschwinden und das unansehnliche Geländer möglichst kaschiert werden. Eine üppige Bepflanzung, die in gewissen Bereichen Sichtschutz bietet und zugleich Lebensraum für verschiedene heimische Pflanzen und Tiere ist, war ein weiterer Anspruch an das Gestaltungskonzept.

Das Konzept

Die wichtigste Maßnahme ist die Aufteilung in verschiedene Terrassenbereiche. In beiden Konzepten, die wir den Besitzern vorgelegt haben, wird dies einerseits durch verschiedene, sich abwechselnde Bodenbeläge erreicht, andererseits durch das Einsetzen von Pflanzgefäßen, die gleichzeitig als Raumteiler funktionieren und die langen Geraden strukturieren. Da sich die Terrasse fast um das gesamte Gebäude zieht, ergeben sich Bereiche mit ganz unterschiedlichem Mikroklima. Dies ist ideal, da sich auf diese Weise die Möglichkeit eröffnet, mit verschiedenen Materialien und Pflanzungen zu arbeiten. Zugleich lassen sich die Sitz- und Aufenthaltsbereiche so auf der Terrasse verteilen, dass es zu jeder Tageszeit möglich ist, sich entweder in der Sonne oder im Schatten aufzuhalten.
Entschieden haben sich die Besitzer am Ende für die Variante «Traumschiff».

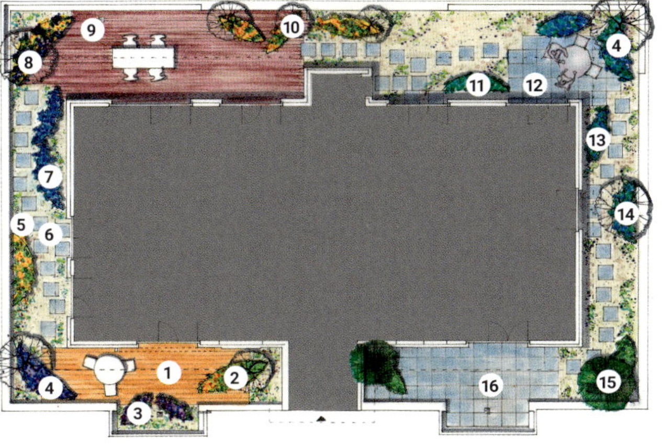

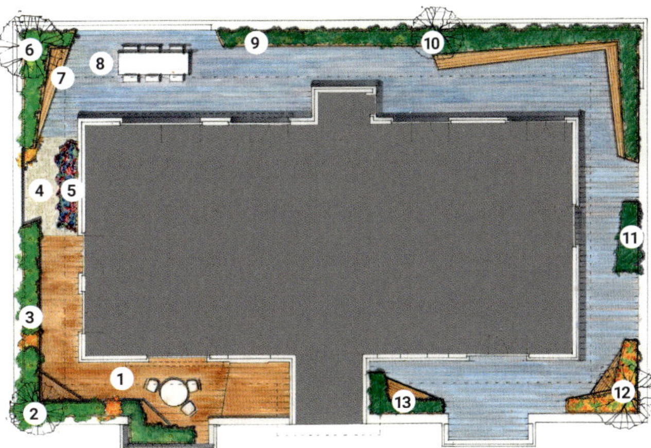

«Zauberwiese»

1 Boden aus Lärchenholz
2 Kräuterschiff mit Mönchspfeffer
3 Salbei-Schiffchen
4 Wilder Flieder, begleitet von zarten Gräsern und Glockenblumen
5 Komposition aus Mauerpfeffer, Lerchensporn und Ruprechtskraut
6 Schrittplatten aus Beton
7 Lavendel und Dichter-Narzissen
8 Kupfer-Felsenbirne mit Rindsauge und Wiesen-Salbei
9 Klinkerpflaster
10 Improvisation aus Schmetterlingspflanzen
11 Duftende Minze und Melisse
12 Bodenbelag aus Klinker und vorhandenen Platten
13 Zauberwäldchen aus Farn, Lungenkraut und Blaustern
14 Trauben-Holunder, Schattenblümchen und Lerchensporn
15 Eiben und Streifenfarn
16 Zementplatten (bestehend)

«Traumschiff»

1 Boden aus Lärchenholz
2 Felsenbirne
3 Hecke aus Liguster und Kornelkirsche
4 Kiesbelag
5 Kräuter-Boot
6 Kupfer-Felsenbirne
7 Integrierte Sitzbank aus Lärchenholz
8 Boden aus Granit- oder Quarzitplatten
9 Hecke aus Eibe und Feld-Ahorn
10 Trauben-Holunder
11 Eibenhecke
12 Felsenbirne, verschiedene Stauden und Gräser
13 Eibenhecke mit Unterpflanzung

Ein abwechslungsreicher Wohnraum

Allein durch das Ersetzen der tristen Standardbetonplatten durch Holz, Naturstein und Kies ist auf der Terrasse bereits ein ganz anderes Ambiente entstanden. Zugleich verstärken die sich abwechselnden Bodenbeläge den Eindruck verschiedener «Gartenzimmer». Neben dem rein gestalterischen Aspekt sind für die Wahl der Bodenbeläge immer auch der Standort und die Nutzung entscheidend. So heizen sich Holz- und Kiesbeläge zum Beispiel nicht so stark auf und sind daher auch im Sommer bei starker Sonneneinstrahlung angenehm zu begehen. Entsprechend findet das Holzdeck auf der Südseite der Terrasse seinen Platz. Im Westen und Norden, wo weniger Sonneneinstrahlung und oft auch Schatten herrscht, sowie bei den eigentlichen Sitzplätzen arbeiten wir mit Naturstein. Für den Kiesbelag waren in diesem Fall vor allem gestalterische Aspekte ausschlaggebend: Die Beläge an der Ost- und Westseite schaffen einen willkommenen Unterbruch und bringen gleichzeitig etwas mediterranes Flair auf die Terrasse.

Die Pflanzgefäße wurden eigens für dieses Projekt entworfen und aus heimischem Holzmaterial angefertigt. Dadurch war es möglich, in die Struktur der Holzkörper auch Sitz-, Liege- und Abstellflächen zu integrieren.

Holz ist für sonnige Bereiche gut geeignet, da es sich nicht so stark aufheizt. Im Naturgarten arbeiten wir selbstverständlich mit heimischen Hölzern, wie in diesem Beispiel mit Lärche.

Verwendete Materialien

- Bodenplatten in Bahnen aus Tessiner Gneis
- Bodenbeläge und Pflanzgefäße aus Lärchenholz (Thurgau)
- Kiesmaterialien: Straßenkies gebrochen 0–15 mm, Rundkies 4–8 mm aus der Region
- Erdmischungen für Pflanzgefäße aus regionaler Produktion

Natursteine wie dieser Quarzit aus dem San-Bernardino-Gebiet eignen sich für schattigere Bereiche. Auch für Flächen, die intensiv genutzt werden, oder die unter einem Vordach liegen, ist Naturstein die richtige Wahl.

Kies ist ein vielseitig einsetzbares und lebhaftes Material. In diesem Fall bietet es einen schönen Kontrast zu den glatten Belägen wie Holz und Naturstein und verstärkt zugleich das mediterrane Flair neben dem Kräuterbeet.

Die Bepflanzung

Ein ganz besonderes Kapitel ist die Bepflanzung auf einer Terrasse. Der Wurzelraum ist eingeschränkt, und je nach Höhe des Gebäudes sind die Pflanzen der Witterung stärker ausgesetzt als ihre Artgenossen, die in der Erde im Garten wachsen dürfen.

Um an den gewünschten Stellen Behaglichkeit zu schaffen und einen Blickschutz zu erhalten, wurden einheimische Sträucher ausgewählt, die robust sind und sich gut schneiden lassen.

Wo die Sonneneinstrahlung besonders stark ist, sind es Kornelkirsche *(Cornus mas)*, Liguster *(Ligustrum vulgare)* und Felsenbirne *(Amelanchier ovalis)*, die in den Gefäßen wachsen.

Im schattigen Teil der Terrasse haben wir Eibe *(Taxus baccata)* und Liguster als Heckenstruktur gewählt.

In einigen sehr schmalen Bereichen wurde der Sichtschutz mit Kletterpflanzen gestaltet, die an einfachen Rankgerüsten aus Metall hochwachsen. Neben Wildem Wein *(Parthenocissus quinquefolia)* ist es die Alpen-Waldrebe *(Clematis alpina)* und an sonnigen Standorten auch der Blauregen *(Wisteria sinensis)*, die in Zukunft vor Einblicken schützen.

Ergänzt werden die Sträucher mit Blütenstauden, die während der Vegetationszeit das Auge erfreuen und gleichzeitig Nahrung für Insekten bieten. Kräuter, Beeren und Obst finden, wie von den Eigentümern gewünscht, an verschiedenen Standorten ein ideales Plätzchen.

Heckenkörper aus einheimischen Sträuchern schaffen Blick- und Windschutz an exponierten Stellen.

Durch die Umgestaltung ist auf der Terrasse eine völlig neue Welt entstanden. Sie wird von der ganzen Familie sehr gerne genutzt und bietet gleichzeitig einer Vielzahl heimischer Tierarten Unterschlupf und Nahrung.

Neue Welt

Die Terrasse ist nach der Umgestaltung kaum wiederzuerkennen und wird nun von der ganzen Familie intensiv genutzt. Eine Bewässerungsanlage sorgt dafür, dass die Eigentümer auch einmal für einige Tage wegfahren können und die Pflanzen in dieser Zeit trotzdem gut versorgt sind. Eine regelmäßige organische Düngung ist sehr wichtig, weil die Pflanzen in dem beschränktem Wurzelraum sonst bald an Vitalität verlieren würden. Der große Teil der Pflegearbeit, die sich auf wenige Eingriffe beschränkt, wird von der Familie selbst erledigt. Dreimal im Jahr kommt eine Fachfrau vorbei, um die Entwicklung der Pflanzung zu beurteilen und die Sträucher zu schneiden. Alles in allem ein sehr pflegeleichter Garten mit hoher Lebensqualität. Eine Investition, die sich auf jeden Fall gelohnt hat, bestätigen die Eigentümer.

Einheimische Pflanzen für Balkone und Terrassen

Aufgrund der besonderen Verhältnisse können Balkone und Terrassen einen wertvollen Lebensraum für Pflanzen und Tiere bieten. Besonders Pflanzen, die trockenheitsverträglich sind und wenige Nährstoffe benötigen, finden in den engen Pflanzgefäßen ideale Lebensbedingungen vor. Außerdem können hier auch empfindliche Arten, die in Gärten oft verdrängt werden, ohne Konkurrenz vergnügt wachsen.

Gehölze für sonnige, heiße Standorte
Besenginster – *Cytisus scoparius*
Bibernell-Rose – *Rosa spinosissima*
Busch-Rose – *Rosa corymbifera*
Erbsenstrauch – *Caragana arborescens*
Feld-Ahorn – *Acer campestre*
Felsenbirne – *Amelanchier ovalis*
Gelber Blasenstrauch – *Colutea arborescens*
Kornelkirsche – *Cornus mas*
Liguster – *Ligustrum vulgare*
Pimpernuss – *Staphylea pinnata*
Raublättrige Rose – *Rosa jundzillii*
Sauerdorn – *Berberis vulgaris*
Strauchkronwicke – *Hippocrepis emerus*
Echter Wacholder – *Juniperus communis*

Gehölze für halbschattige oder schattige Standorte
Alpen-Johannisbeere – *Ribes alpinum*
Eibe – *Taxus baccata*
Kreuzdorn – *Rhamnus cathartica*
Liguster – *Ligustrum vulgare*
Hartriegel – *Cornus sanguinea*
Wolliger Schneeball – *Viburnum lantana*

Rosen gehören zu den Pflanzen, die extreme Trockenperioden problemlos überstehen. Vor allem Wildrosen, aber auch robuste Strauch- und Kletterrosen wachsen gut und gerne in luftiger Höhe, sofern genügend großer Wurzelraum zur Verfügung steht.

Stauden für heiße, trockene Standorte
Aufrechter Ziest – *Stachys recta*
Dickblättriger Mauerpfeffer – *Sedum dasyphyllum*
Färber-Waid – *Isatis tinctoria*
Frühlings-Krokus – *Crocus albiflorus*
Edel-Gamander – *Teucrium chamaedrys*
Genfer Günsel – *Ajuga genevensis*
Großer Ehrenpreis – *Veronica teucrium*
Kartäuser-Nelke – *Dianthus carthusianorum*
Küchenschelle – *Pulsatilla vulgaris*
Moschus-Malve – *Malva moschata*
Natternkopf – *Echium vulgare*
Kleine Traubenhyazinthe – *Muscari botryoides*
Weinberg-Tulpe – *Tulipa sylvestris*
Echter Wermut – *Artemisia absinthium*
Zittergras – *Briza media*

Stauden für trockene, schattige Standorte
Gefleckte Taubnessel – *Lamium maculatum*
Akelei – *Aquilegia vulgaris*
Knoblauchhederich – *Alliaria petiolata*
Nachtviole – *Hesperis matronalis*
Nesselblättrige Glockenblume – *Campanula trachelium*
Nickendes Perlgras – *Melica nutans*
Zweiblättrige Schattenblume – *Maianthemum bifolium*
Schöllkraut – *Chelidonium majus*
Stinkende Nieswurz – *Helleborus foetidus*
Braunstieliger Streifenfarn – *Asplenium trichomanes*
Zimbelkraut – *Cymbalaria muralis*

Wildstauden wie die Moschus-Malve *(Malva moschata)* aus den Lebensbereichen Trockenstandort, Magerwiese oder Warmer Heckenrand eignen sich besonders für sonnige Standorte auf Balkonen und Terrassen.

03

Vertikaler Fruchtgarten an einem Steilhang

Gärten an Hanglagen sind selbst für professionelle Gartengestalter eine Herausforderung, vor allem, wenn sie derart steil abfallen wie in diesem Fall. Mit Kreativität und Know-how lässt sich aber auch aus solchen Flächen etwas machen – zum Beispiel einen lebendigen Frucht- und Beerengarten, der Augen und Gaumen gleichermaßen erfreut.

Die Ausgangslage

Das Ehepaar, das an diesem schönen Ort direkt am Rhein wohnt, verfügt zwar über ein relativ großes Grundstück, doch besteht ein beträchtlicher Teil des Gartens aus einer steilen Böschung, die sowohl von oben als auch von der Straßenseite her nahezu unzugänglich und auch nur mühsam zu bewirtschaften ist. Gerade für diese Fläche wünschten sich die Besitzer eine Lösung. Sie sollte begeh- und nutzbar gemacht werden, außerdem sollte die bisherige Bepflanzung mit einer heimischen Flora ökologisch aufgewertet und zum Lebensraum und Nahrungsspender für Vögel, Schmetterlinge und viele andere Geschöpfe werden. Ideal, wenn sich darunter auch essbare Pflanzen für die Besitzer befinden würden. Zudem wünschte sich das Ehepaar, dass der Sitzplatz mit Blick auf den Fluss um einiges lauschiger werde.

Keine einfache Aufgabe, aus diesem unwirtlichen, schwer zugänglichen Gartenteil etwas Besseres zu machen. Immerhin ist der Garten nach Süden orientiert, für viele Pflanzen also eine ideale Ausrichtung. Außerdem bietet die Mauer Schutz vor Wind und Wetter und schafft damit ein geradezu ideales Mikroklima auch für anspruchsvollere Pflanzen wie etwa Fruchtbäume.

Das Konzept

Der Wunsch der Bewohner nach einem essbaren Garten sowie die optimale Ausrichtung der Hangfläche ließen schon bald die Idee eines vertikalen Fruchtgartens entstehen. Die Erarbeitung eines entsprechenden Konzepts brauchte allerdings etwas länger. Denn die verschiedenen Geländeniveaus und der Höhenunterschied von mehr als zehn Metern auf eine Breite von fünf Metern machten eine klassische Lösung mit Treppen aus Steinen unmöglich. Es musste also eine unkonventionelle und trotzdem umsetzbare Lösung für diese Situation gefunden werden. Um die verschiedenen Ebenen miteinander zu verbinden und gleichzeitig Möglichkeiten für das Ziehen von Spalieren zu erhalten, entstand die Idee, eine Art Netz über das Ganze zu legen. Die Wahl fiel auf eine multifunktionale Metallkonstruktion, die über die ganze Böschung gesetzt wird. An deren Metallgerüst sollten dann die notwendigen Treppen integriert werden, ebenso die Metallstäbe, die später als Rankhilfen für die Pflanzen genutzt werden. Wo notwendig, werden zudem Geländer als Absturzsicherungen angebracht. Auch die Laube, die den Sitzplatz in Hangnähe in Zukunft überdachen soll, ist Teil der Konstruktion.

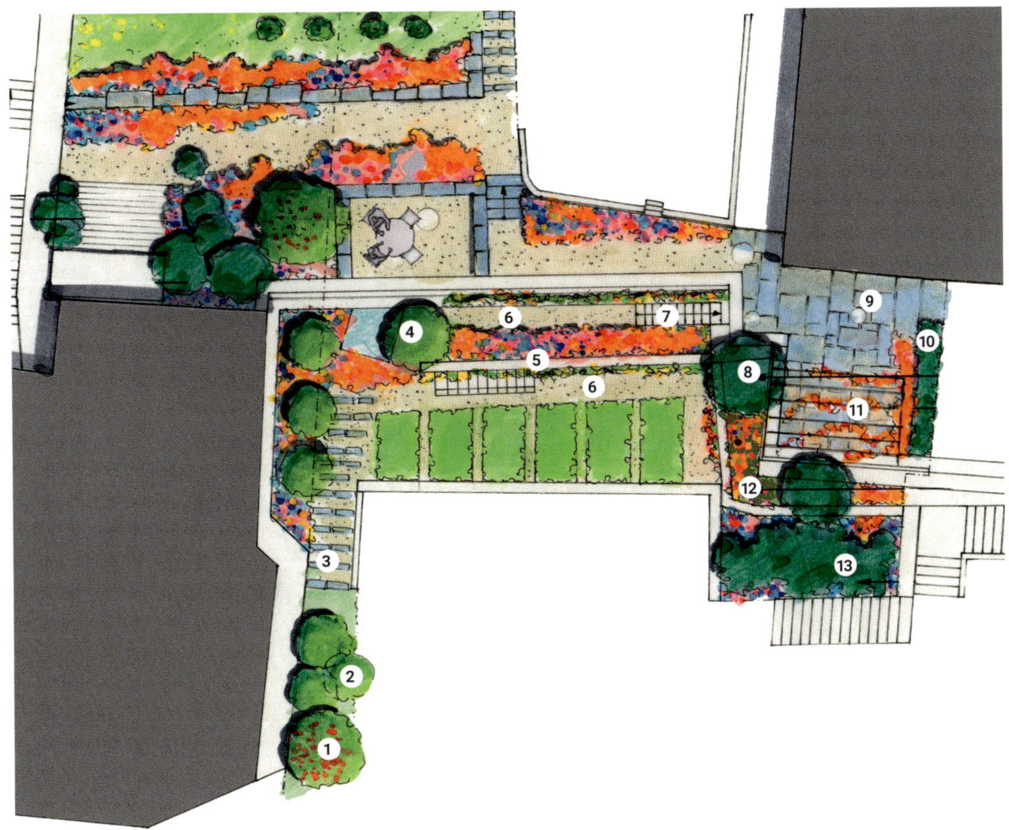

1 Strauchrose
2 Sauerdorn
3 Beerenstiege aus Mauersteinen
4 Felsenbirne
5 Steinmauer (bestehend)
6 Vertikaler Fruchtgarten, bewachsen mit Aprikosen, Pfirsichen und Beeren, unterpflanzt mit Minzen und Melissen
7 Treppe aus Metall
8 Feige (bestehend)
9 Sitzplatz mit Sandsteinplatten
10 Ligusterhecke (bestehend)
11 Rankgerüst als Absturzsicherung im Sitzplatzbereich als Rosenlaube ausgeformt
12 Wildstaudenbeet
13 Kräuterecke (bestehend)

Die minutiöse Planung

Für ein Vorhaben wie dieses ist eine minutiöse Planung essenziell, da direkt vor Ort nur noch wenig verändert werden kann und soll. Der Hang muss exakt vermessen, die einzelnen Elemente – Treppen, Gartenlaube, Absturzsicherungen – entworfen und ihre Position genau festgelegt werden. Den Entwurf für die Metallarbeiten haben wir schließlich verschiedenen Schlossereien vorgelegt. Einige lehnten bereits im Vorfeld ab, weil es ihnen zu kompliziert erschien. Schließlich haben wir aber doch einen Metallbauer gefunden, der bereit war, sich auf das Abenteuer «Vertikaler Fruchtgarten» einzulassen und uns bei der Umsetzung behilflich zu sein. Die Detailplanung wurde nun in enger Zusammenarbeit durchgeführt, und schon bald stand der Plan für die Umsetzung fest.

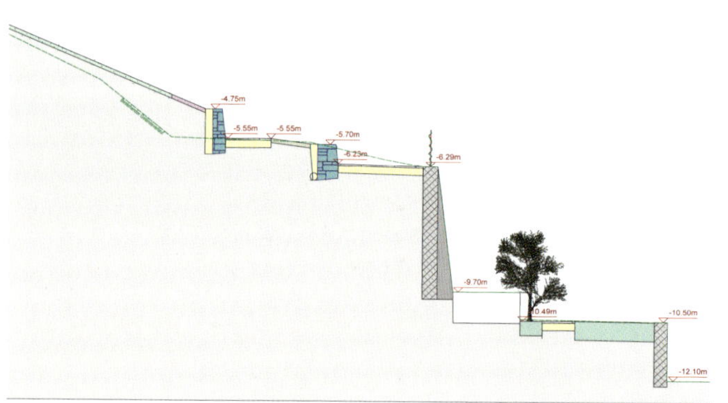

Der enorme Höhenunterschied auf dem Grundstück, der teilweise von einer gewaltigen Betonmauer überbrückt wird, erfordert außergewöhnliche Gestaltungsideen.

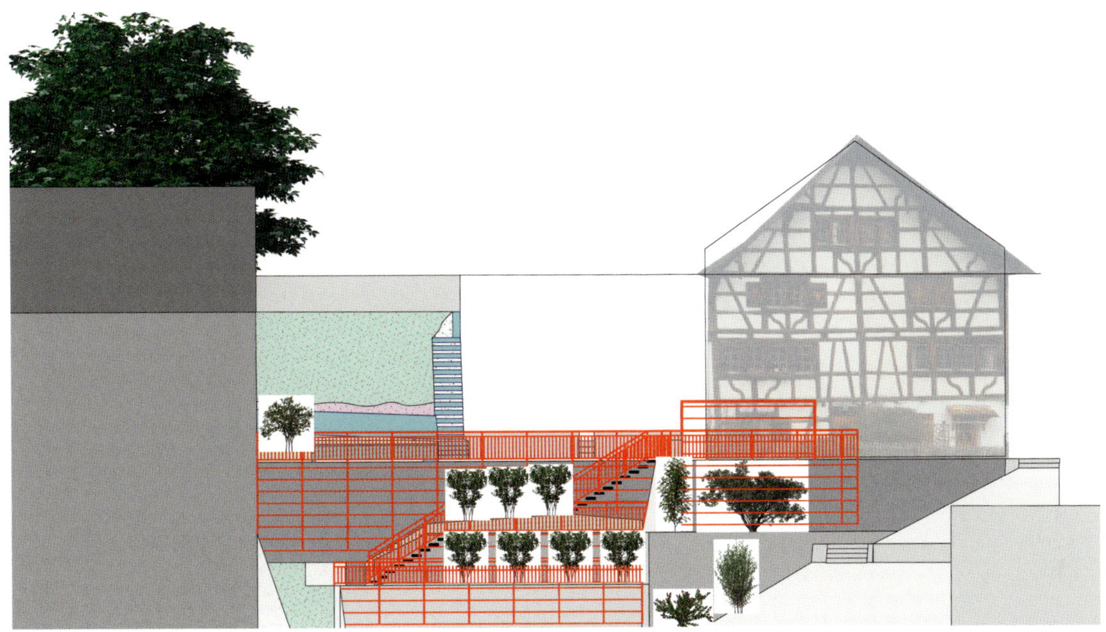

Die Metallkonstruktion spannt sich wie ein Netz über die gesamte Böschung. Sie ist gleichzeitig Erschließung, Absturzsicherung und Rankhilfe für Fruchtpflanzen.

Die Umsetzung

Bevor wir mit dem Bau der Metallkonstruktion beginnen konnten, musste die Böschung gerodet und vorbereitet werden. Einige einheimische Gehölze und einen vorhandenen mächtigen Feigenbaum haben wir erhalten. Wo nötig, wurden die bestehenden Flächen ausgeebnet oder angefüllt, außerdem entstanden einzelne kleinere Trockenmauern, um das Gelände in diesen Bereichen zu stützen. Für die Metallkonstruktionen wurden anschließend Fundamente gegossen und alles für den Schlosser vorbereitet. Viele der Metallteile, wie etwa die Treppe oder die Geländer, wurden bereits fertig angeliefert. Dennoch dauerte es einige Tage, bis die Metallteile fertig montiert dastanden. Nur wenige Teile mussten in einem zweiten Schritt nachgearbeitet werden. Auf den begradigten Ebenen haben wir schließlich Wege aus Kies und Natursteinplatten eingefügt, damit die Fruchtbäume, Beeren und Kräuter in Zukunft gut gepflegt und geerntet werden können.

Die vorgeschriebenen Absturzsicherungen sind in die Konstruktion integriert und dienen gleichzeitig als Rankhilfen für die Obstspaliere und Kletterpflanzen.

Die Erschließung des Gartens mittels Treppen macht eine Bewirtschaftung dieses Gartenbereiches überhaupt erst möglich.

Im Bereich des Sitzplatzes wird die Metallkonstruktion zu einer Laube geformt. In Zukunft werden hier Schlingrosen das Zepter übernehmen und für angenehmen, natürlichen Schatten sorgen.

Verwendete Materialien

- Stahlkonstruktionen aus Chromstahl, Oberfläche einbrennlackiert
- Trockenmauern aus Rorschacher Sandstein
- Kiesmaterialien: Wandkies 1. Klasse, Straßenkies gebrochen 0–15 mm, Rundkies 4–8 mm aus der Region
- Kompost aus der regionalen Kompostieranlage zur Bodenverbesserung
- Hornspäne als Grunddünger für die Obstgehölze, Beeren und Schlingrosen

Fruchtspaliere werden an den horizontal angebrachten Metallstangen befestigt und gezogen.

Der Fruchtgarten

Aufgrund der idealen Ausrichtung des Hanges nach Süden hatten die Besitzer eine große Auswahl an möglichen Fruchtpflanzen und -bäumen. Entschieden haben sie sich letztlich für Reben, Aprikosen, Birnen, Mirabellen und Pfirsiche. Daneben und dazwischen wachsen zudem Johannisbeeren, Brom- und Himbeeren sowie Aronia und geben regelmäßig Ertrag. Hinzu kommen verschiedene Kräuter wie Rosmarin, Salbei und Thymian, aber auch Teekräuter wie Zitronenmelisse und verschiedene Minzenarten. Verschiedene trockenheitsliebende Wildpflanzen wie Natternkopf *(Echium vulgare)*, Berg-Aster *(Aster amellus)* und Kartäuser-Nelke *(Dianthus carthusianorum)*, einige einheimische Wildrosensträucher sowie Stauden aus dem Lebensbereich Gehölzrand wie Blutroter Storchschnabel *(Geranium sanguineum)*, Odermennig *(Agrimonia eupatoria)* oder Hügel-Anemone *(Anemone sylvestris)* wachsen hier ebenso und bieten Nahrung und Lebensraum für verschiedene Insektenarten. An der neuen Laube über dem Sitzplatz wurden verschiedene Schling- und Wildrosen angepflanzt, die das Metallgerüst bald überwachsen und so im Sommer für angenehmen, natürlichen Schatten sorgen werden.

Im vertikalen Fruchtgarten kann vom Frühjahr bis zum Herbst geerntet werden. An den Wänden wachsen verschiedene Früchte und Beeren, am Boden Kräuter und Teepflanzen.

Neben einer großen Zahl von Früchten wachsen in diesem nach Süden orientierten Garten auch verschiedene Küchenkräuter wie der Garten-Salbei *(Salvia officinalis)*, der sowohl in der Küche als auch als Heilmittel verwendet werden kann.

Mutige Lösungen

Gute und außergewöhnliche Ideen sind bei der Gartengestaltung gefragt. Gerade bei schwierigeren Ausgangslagen ist die Arbeit des Gartengestalters von großer Bedeutung, denn ohne das notwendige Know-how und kreative Ideen entsteht meist kein stimmungsvoller und abwechslungsreicher Garten. Allerdings ist die Idee nur dann wertvoll, wenn es Gartenbesitzende gibt, die bereit sind, auch außergewöhnliche Konzepte in die Tat umzusetzen. Für dieses Projekt mussten die Eigentümer auch ein gewisses Risiko auf sich nehmen. Eine solche Konstruktion, wie sie hier gestaltet wurde, gibt es weder im Baumarkt zu kaufen, noch kann man sie nach einem Internet-Video nachbauen. Sie ist und bleibt ein Prototyp, der genau für diesen Garten entworfen und gebaut wurde. Es lohnt sich auf jeden Fall, bei ähnlichen Vorhaben, die Möglichkeit der individuellen Gestaltung in Betracht zu ziehen. Dies gilt für Nebengebäude wie Carport, Gartenpavillon, Gartenlaube oder Pergola ebenso wie für originelle Sichtschutzlösungen. Die Kosten für eine individuelle Lösung liegen in der Regel tatsächlich etwas höher, das Resultat überzeugt aber immer, weil es genau auf den jeweiligen Ort und die Bedürfnisse der Bewohner zugeschnitten ist.

Essbarer Garten

Früchte und Beeren, die sich als Spaliere für den Hausgarten eignen

	Locker aufgebautes Spalier	Fächerspalier	Strenges Formspalier
Fassade oder Wand nach Süden			
Aprikosen (spät blühende Sorten)		●	
Pfirsiche	●	●	
Nektarinen	●	●	
Trauben (Direktträger-Sorten)	●		
Kirschen		●	
Birnen (auch anspruchsvolle Sorten)			●
Mirabellen		●	
Feigen	●		
Fassade oder Wand nach Osten (Südosten)			
Renekloden	●	●	
Zwetschgen	●	●	
Birnen (frühe Sorten)	●		●
Äpfel	●		●
Aprikosen (frühe Sorten)		●	
Brombeeren			●
Sauerkirschen	●	●	
Fassade oder Wand nach Westen (Südwesten)			
Aprikosen (frühe Sorten)		●	
Birnen	●		●
Kirschen		●	
Mirabellen	●	●	
Pflaumen	●	●	
Renekloden	●	●	
Äpfel	●		●
Trauben (frühe Sorten)	●		●

Fassade oder Wand nach Norden

Hier empfiehlt es sich, auf die Pflanzung von essbaren Pflanzen zu verzichten und stattdessen mit geeigneten Kletterpflanzen zu begrünen (Efeu, Kletter-Hortensie, Pfeifenwinde)

Die Fruchtäste der verschiedenen Spaliere werden entlang der Metallstäbe gezogen und gleichmäßig über die Fläche verteilt.

Speisetrauben sind klare Sonnenanbeter. Sie lieben sonnige, heiße Standorte mit trockenem Boden.

Beeren bevorzugen eher halbschattige Standorte. Sie werden am besten an Stellen gepflanzt, die durch die Lage im Gelände oder durch den Schattenwurf anderer Gehölze eher im Halbschatten liegen.

04

Badeparadies direkt vor der Haustür

Hat man eine große Grundstücksfläche zur Verfügung, kann der Schwimmteich diesen Dimensionen folgen. Einzige Einschränkung in diesem Fall: ein Teil des wunderbaren Grundstückes liegt in der Landwirtschaftszone und darf nicht bebaut werden. Weil sich das Grundstück auf Höhe des Kellergeschosses befindet und damit eine Ebene tiefer liegt als der Wohnbereich des Hauses, wollten die Gartenbesitzer die Möglichkeit haben, in einem geschützten Bereich draußen leben zu können. Die Lösung ist ein Pavillon direkt am Wasser, in dem ein Minimum an Infrastruktur vorhanden ist.

Die Ausgangslage

Flächendimensionen wie in diesem Garten sind heute selten geworden und in diesem Fall wohl auch nur dem Umstand geschuldet, dass ein Teil des Geländes in der Landwirtschaftszone liegt und nicht bebaut werden darf. Das einstige Fabrikgebäude wurde von den Vorbesitzern in ein Wohnhaus umgenutzt. Aus dem ehemaligen Produktionsbereich ist ein großes Wohnzimmer geworden, das sich in den Garten orientiert. Dort wünschte sich die Familie einen großzügigen Badegarten mit Verweilmöglichkeiten für die ganze Familie. Die übrige Grundstücksfläche sollte in verschiedene Gartenräume aufgeteilt und Platz für einen Spielbereich, eine Entspannungsecke sowie einen Sitzplatz mit Feuerstelle bieten. Eine weitgehend einheimische Pflanzung sollte den Garten zudem zum vielfältigen Lebensraum für verschiedene Tiere werden lassen. Wichtig war auch ein besserer Sichtschutz zur Straße hin sowie zum Nachbarhaus auf der Ostseite, um das eigene Gartenparadies ungestört genießen zu können.

Das Konzept

Das Konzept «Über den Wolken» ist der Entwurf für einen Traumgarten: ein Rückzugsort für die ganze Familie, mit Möglichkeiten zum Baden, Grillen, Spielen oder sich einfach dem süßen Nichtstun hinzugeben. Der gewünschte Badegarten wird auf der Nordseite in der Nähe des Hauses platziert. Dabei war ursprünglich vorgesehen, nach Westen eine gemütliche Badelaube und nach Osten einen großzügigen Regenerationsbereich einzurichten. Dahinter sollte ein weiterer, etwas vorgelagerter Sitzplatz mit einer Blauregenlaube entstehen und noch etwas weiter im Westen ein kleiner Saunagarten. Allerdings wurde erst im Laufe der Projektierung klar, dass ein Teil des Grundstückes in der Landwirtschaftszone liegt. Auch wenn dies letztlich nur eine kleine Ecke betrifft, musste das gesamte Konzept geändert und die Badelaube an die Grenze auf der Ostseite verlegt werden. Leider bedeutete dies auch, dass der Sitzplatz mit der Blauregenlaube und der Saunagarten nicht realisiert werden konnten. Der Vorteil an der neuen Ausrichtung ist jedoch, dass nun die Abendsonne direkt in die Badelaube scheint, was es den Eigentümern erlaubt, den Badegarten an langen Sommerabenden bis in die späten Abendstunden hinein zu genießen.

1 Einfahrt aus Natursteinpflaster

2 Baumhof – Baumfilter aus Feld-Ahorn-Bäumen, Mergelplatz für Boccia, als Fest- und Abendplatz, Holzwände, berankt mit Schlingrosen und Clematis

3 Badegarten – Naturschwimmteich ca. 12 × 4,5 m, Regenerationsbereich, bepflanzt mit Sumpf- und Wasserpflanzen

4 Badelounge – Gedeckter Sitzplatz mit Outdoor-Küche, Bodenbelag aus Sandsteinplatten, Sicht- und Schallschutzmauer aus Sandstein mit diversen Anlagen und Nischen

5 Sitzmauer aus Sandstein, Bodenbelag gemischt aus Sandsteinplatten und Pflastersteinen

6 «König Drosselbart» – artenreiche Vogelschutzhecke mit Schneeball, Kreuzdorn, Wildrosen, Wildapfel u. a.

7 Zierkirsche

8 Baumhaus – integriert in bestehenden Birnbaum, berankt mit Schlingrosen

9 «Dornröschen» – Hecken- oder Strauchkomposition, vorwiegend aus robusten Wildrosen, Schwarzdorn und Liguster

10 Feuchtbiotop (Versickerungsfläche)

11 Feuerplatz – Brechsandbelag, Feuerstelle mit Hängegrillrost, Stammtische als Sitzgelegenheit

12 Obstbaum (verpflanzt)

13 Blumenwiese mit Rasenpfaden

14 Wiesenbach, am Rand bepflanzt mit Blut-Weiderich und Mädesüß

15 Blauregenlaube – Rundkiesbelag, Sitzmauer und Tisch aus Sandstein, Laubenkonstruktion aus Rohstahl, Holzsteg über Regenerationszone zum Haus

16 Saunagarten – Blockhaus (bestehend), umgebaut zur Sauna, kleines Tauchbecken, Holzdeck aus Lärche

Bestehende Bepflanzung

Der Spiel- und Werkhof

Als Erstes rückt der großzügige Innenhof ins Blickfeld, der mit Feldahorn-Bäumen bepflanzt wird. Sie sorgen für natürlichen Schatten und fungieren gleichzeitig als Sichtschutz, da sie die bestehende Holzterrasse zur Straße hin abschirmen. Unter den Bäumen liegt ein Kiesplatz, der an den Rändern mit Wildstauden bepflanzt wird. Eine Trockenmauer aus Sandstein ersetzt den unansehnlichen Blockwurf und bildet den Übergang in den Badegarten. In diesem Bereich, der gleichzeitig Hauseingang und Zufahrt zu den Garagen ist, können die Kinder spielen und werken. Im Moment steht ein alter Bauwagen unter dem Baumdach. Es ist ein Familienprojekt, diesen in den kommenden Jahren zu restaurieren und ihn dann im unteren Gartenteil als Gartenhaus zu benutzen. Eine weitere Spielmöglichkeit bietet schließlich das Baumhaus, das sich die beiden Söhne der Hausbesitzer gewünscht haben. Dieses wurde neben einem der alten Obstbäume errichtet und mit Wildem Wein und Schlingrosen bepflanzt.

Der unansehnliche Blockwurf wird durch eine Trockenmauer aus Naturstein ersetzt.

Das neue Baumhaus wurde neben statt in dem bestehenden, bereits geschwächten Birnbaum platziert, um diesen nicht weiter zu beeinträchtigen.

Der Familien-Badegarten

Der Schwimmteich wird so ins Gelände gelegt, dass nur auf der Seite nach Norden eine kleine Aufschüttung notwendig ist. Die Fläche um den Badeteich wird mit großformatigen Sandsteinplatten ausgelegt, die für ein angenehmes Mikroklima sorgen und in den Übergangszeiten die gespeicherte Wärme am Abend wieder abgeben.

Ein Gartenpavillon, gefertigt aus Holz, wird im Sommer zum Lebensmittelpunkt am Teich. Eine minimale Infrastruktur aus Strom und Wasser sowie verschiedene Ablageflächen ermöglichen es, sich hier häuslich einzurichten. Eine freistehende Natursteinmauer dient als Auflage für das Dach sowie als Blick- und Schallschutz zur Straße hin.

Die restliche Fläche um den Badeteich wird mit Kies gestaltet, um ein seitliches Eindringen von Nährstoffen in den Teich zu vermeiden. Zugleich wird so um den Teich herum trockene Fläche gewonnen, die individuell möbliert und benutzt werden kann. Und nicht zuletzt entsteht so auch eine Fläche für Pflanzen, die trockene, nährstoffreiche Standorte bevorzugen.

Die Regenerationszonen sind großflächiger konzipiert als es für die Funktion des Teiches zwingend notwendig wäre. Damit schaffen wir viel Lebensraum für Tiere am und im Wasser und gewährleisten gleichzeitig eine optimale Wasserreinigung.

Den Wunsch nach plätscherndem Wasser haben wir schließlich in Form eines großen Wasserspeiers umgesetzt. Das Wasser aus dem Teich wird dabei umgewälzt. Dies hat keinen Einfluss auf die Wasserqualität, sondern dient lediglich dazu, ein Sprudeln zu erzeugen, das für ein entspannendes Ambiente sorgt. Gleichzeitig dämmt es die Geräusche etwas ein, die von der Straße her kommen.

Das Grundstück ermöglichte es, einen großzügigen Schwimmbereich zu bauen, der proportional durchaus stimmig ist.

Die Wasserkaskade war ein Wunsch der Hausbesitzer, der in Form eines großen Speiers, der direkt in die Trockenmauer eingebaut ist, umgesetzt wurde.

Ein gedeckter und mit minimaler Infrastruktur ausgerüsteter Sitzplatz wird im Sommer zu einem gemütlichen Wohngarten für die ganze Familie.

Die Natursteinmauer ist gleichzeitig Auflage für das Dach des Pavillons sowie Blick- und Schallschutz zur Straße hin. Sie wird auf der Frontseite mit Sandstein und auf der Rückseite mit Recyclingmaterial aufgebaut.

Das Dach des Pavillons liegt hinten auf der Natursteinmauer auf und wird vorn von zwei massiven Stützen gehalten. Damit die ganze Spannweite mit nur zwei Stützen überwunden werden kann, ist eine massive Holzkonstruktion notwendig, die mit einer Schalung aus Lärchenbrettern kaschiert wird.

Im entferntesten Teil des Gartens wurde ein großzügiger Grillplatz eingerichtet, der später von Obstbäumen beschattet wird.

Eine Feuerstelle in der Wildnis

Im untersten Teil des Grundstückes entsteht ein großzügiger Sitzplatz mit Feuerstelle. Hier werden später ein rustikaler Holztisch und ein Feuerring installiert. Der Platz ist von einer reich strukturierten Hecke umgeben, sodass man sich hier wie mitten in der Wildnis fühlt. Obstbäume, die wir in die bestehende Wiese setzen, werden in einigen Jahren Schatten spenden und den «Wildnis-Charakter» des Platzes noch verstärken.

Verwendete Materialien

- Trockenmauern aus Rorschacher Sandstein und Recyclingmaterial
- Bodenplatten aus Rorschacher Sandstein (teilweise Verwendung von großformatigen Krustenplatten)
- SCHALIT Schalungssteine aus Beton
- Armierungsstahl für die Schalungssteinmauer
- Beton BN P300 / 15er Betonkies
- Holzdeck aus CH-Lärche
- Kiesmaterialien: Sand gewaschen 0–4 mm, Wandkies 1. Klasse, Straßenkies gebrochen 0–15 mm, Rundkies 4–8 mm, Betonkies 0–30 mm aus der Region
- Teichfolie aus EPDM-Kautschuk, hergestellt in Deutschland
- Gartenpavillon aus CH-Fichte und -Lärche
- Kompost aus regionaler Kompostierungsanlage

Damit Werkzeuge und Materialien nicht immer vom Haus in den Garten transportiert werden müssen, wurden diese praktischen Gartenboxen aufgestellt.

Die Bepflanzung

Die stattlichen Ausmaße des Gartens lassen großzügige Pflanzungen zu. Das gilt sowohl für Staudenflächen als auch für Gehölzgruppen und Hecken. Auch größere Büsche wie Wildapfel *(Malus sylvestris)* oder Feld-Ahorn *(Acer campestre)* lassen sich gut in die Hecken integrieren.

Eine großzügige Wildhecke aus heimischen Sträuchern schließt den Garten nach Westen zur Straße hin ab und bietet in einigen Jahren Vögeln und anderen Tieren einen wertvollen Lebensbereich. In den Hecken wachsen eine Anzahl von Wildrosen, allen voran die Hunds-Rose *(Rosa canina)*, die sich hier wirklich zu voller Größe (400 × 400 cm) entfalten kann. Daneben wachsen Hecht- und Wein-Rose *(Rosa glauca, R. rubiginosa)*. Entlang der bestehenden Zäune haben wir auch die Feld-Rose *(Rosa arvensis)* gepflanzt, die sich an den Zaungittern entlang hochranken kann.

Zur Straße hin wird der Garten von einer Hecke aus heimischen Sträuchern umfasst. An einigen Stellen wurden auch Zierkirschen integriert, die im Frühjahr in feinen Weiß- und Rosatönen erblühen und im Herbst eine wunderbare orangerote Blattverfärbung bringen.

In den Flächen um den Badegarten arbeiten wir mit Staudenpflanzungen aus den Lebensbereichen Hochstaudenflur und Heckenrand. Hier dürfen auch Stauden wachsen, die sich gerne ausbreiten, wie etwa das Schmalblättrige Weidenröschen *(Epilobium angustifolium)*, der Braune Storchschnabel *(Geranium phaeum)*, der Wasserdost *(Eupatorium cannabinum)* oder der Frauenflachs *(Linaria vulgaris)*. Für den Spätsommer haben wir in einer dieser Flächen auch Deams Sonnenhut (*Rudbeckia fulgida* var. *deamii*) und einige Raublatt- und Glattblatt-Astern *(Aster novae-angliae, A. novi-belgii)* mit eingepflanzt.

Die Blumenwiese wurde mit der Mischung CH-Original der UFA angesät. Der Saatzeitpunkt und die Bodenvorbereitung entscheiden maßgeblich über das Gelingen einer solchen Ansaat. Es wird trotzdem einige Jahre dauern, bis sich eine artenreiche Blumenwiese etabliert haben wird. Die Fläche wurde ursprünglich landwirtschaftlich genutzt und ist entsprechend nährstoffreich, außerdem befindet sie sich in einem Gebiet, das ursprünglich eher feucht und teilweise sogar sumpfig war, bevor es melioriert wurde. Es wird sich also auf jeden Fall eine Fettwiesengesellschaft mit Wiesen-Margerite *(Leucanthemum vulgare)*, Kleiner Braunelle *(Prunella vulgaris)*, Rot-Schwingel *(Festuca rubra)*, Wiesen-Schafgarbe *(Achillea millefolium)* und vielleicht der Kuckucks-Lichtnelke *(Silene flos-cuculi)* einstellen.

Wiesenflächen benötigen besondere Aufmerksamkeit bei der Gartenpflege. Nach der Ansaat werden sie im ersten Jahr regelmäßig gemäht, um Konkurrenz von ein- und zweijährigen Arten auszuschalten. Erst ab dem zweiten Jahr erblühen die Wiesenblumen.

Kieswege und -plätze sind im Naturgarten immer auch Lebensräume für spezialisierte Pflanzenarten, die trockene, nährstoffarme Standorte bevorzugen.

Einzelne Schrittplatten sind ideal für verschlungene Wege, die durch bepflanzte Flächen führen. Sie bleiben auch im Sommer vegetationsfrei und dadurch gut begehbar. Zudem machen sie die Pflanzflächen besser zugänglich.

Gartenentwicklung

Damit sich ein Naturgarten richtig entwickeln kann, ist es wichtig, schon im Vorfeld über die Entwicklungs- und Unterhaltsarbeiten zu sprechen. Gerade ein Garten in diesen Dimensionen benötigt in den ersten Jahren regelmäßige Pflege. Es geht dabei in erster Linie darum, die Pflanzungen zu entwickeln – Wildstauden, Hecken, Bäume, Kletterpflanzen und die Wiesenflächen. Die ersten zwei Jahre dienen ausschließlich diesem Zweck. Danach sollten, bei richtigem Pflegerhythmus, die Wildstaudenflächen durchwachsen sein. Die Hecken und Bäume brauchen etwas länger, bis sie sich selbst überlassen werden können. Den geringsten Aufwand benötigt der Teich. Er wird ein- oder zweimal im Jahr mit einem speziellen Teichsauger gereinigt. Außerdem sollten die Wasserpflanzen im frühen Frühjahr einmal zurückgeschnitten werden. In den übrigen Zeiten sollte man den Teich möglichst in Ruhe lassen. Das gilt natürlich nur für die Pflanzflächen – baden ist auf jeden Fall immer erlaubt! Es lohnt sich also, während der Planungsphase oder spätestens beim Bau des Gartens einen Pflegeplan auszuarbeiten. Gerade zu Beginn der Entwicklung ist es sinnvoll, dass der Garten von einer Fachperson begleitet wird und gewisse Arbeiten von einem Fachbetrieb ausgeführt werden. Viele Gartenbesitzende möchten bei der Pflege mithelfen, was auf jeden Fall möglich und ja auch richtig ist, wenn man den Garten später selbst pflegen will. Allerdings sollte den Gartenbesitzenden bewusst sein, dass sich die Art der Arbeiten nach der Phase der Etablierung noch einmal verändern wird. Während es zu Beginn darum geht, die gepflanzten Arten am Standort zu etablieren, ist es in der zweiten Phase wichtig, die Artenvielfalt zu erhalten.

Projektumsetzung in Kurzform

- Rückbau im Garten, Rodungen von Pflanzen
- Abstecken der geplanten Bauelemente im Gelände (Schwimmteich, Trockenmauer, Pavillon)
- Abschälen der Grasnarbe und Abführen des anfallenden Materials
- Oberboden abtragen und seitlich lagern oder direkt in die Pflanzflächen einarbeiten
- Aushub für den Schwimmteich erstellen, Material teilweise im Gelände einbauen, restliches Material abführen
- Erstellen der Umfassungsmauern für den Schwimmbereich
- Leitungen für Wasserumwälzung verlegen, Pumpenschacht erstellen
- Wasser- und Stromleitungen für Dusche, Pumpe und Gartenpavillon verlegen
- Erstellen der Naturstein- und Recyclingmauern mit Einbau des Wasserspeiers
- Schutzschichten im Teich einbauen
- Folie auslegen und so im Teichbecken ausrichten, dass möglichst keine Falten entstehen
- Kiesmaterial und Steine in den Regenerationszonen einbringen und verteilen
- Dichtungsprobe – Teich mit Leitungswasser auffüllen
- Bodenplatten verlegen (teilweise mit Kran)
- Kiesbeläge erstellen
- Gartenpavillon liefern und montieren
- Pflanz- und Saatflächen vorbereiten (Fräsen, Reinplanie, Bodenverbesserungsmittel einbringen)
- Pflanzen liefern, verteilen, einpflanzen und wässern
- Wiesenflächen ansäen und walzen

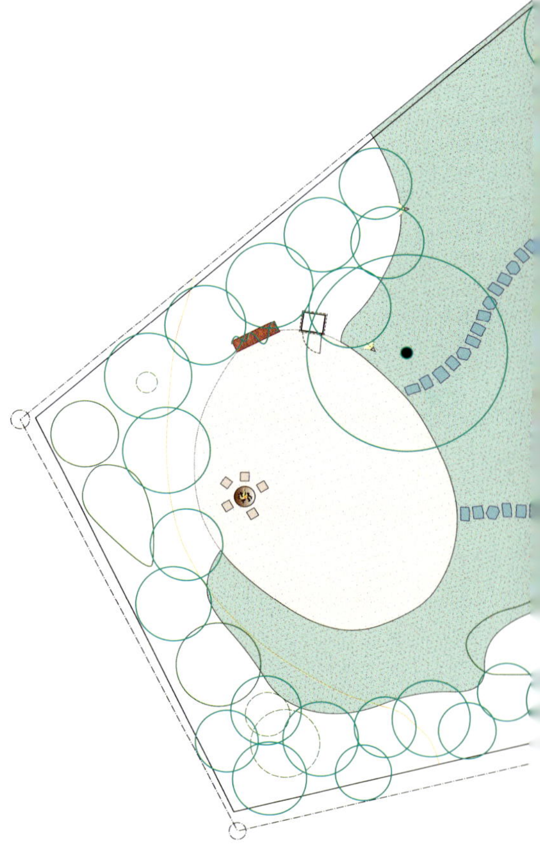

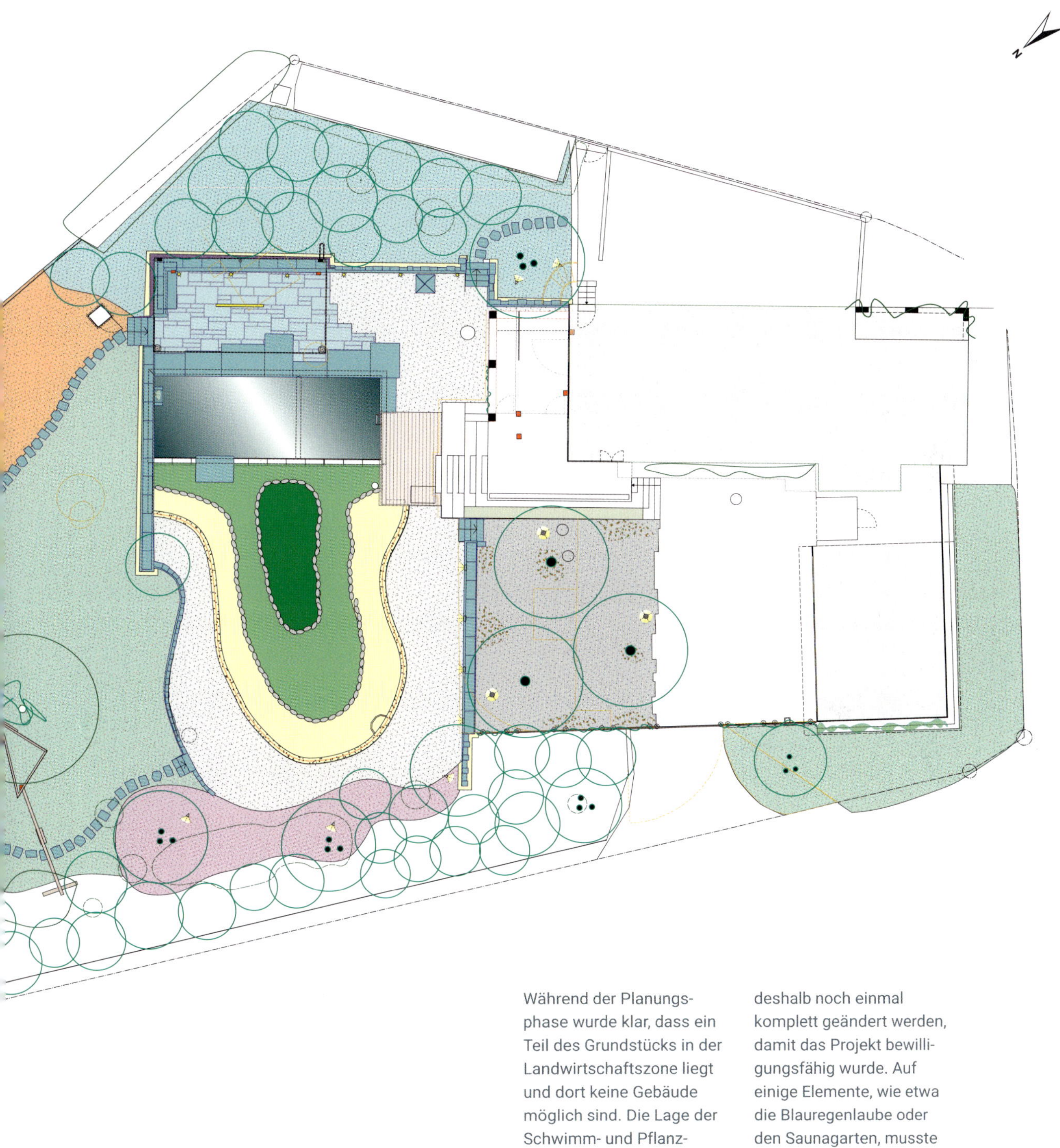

Während der Planungsphase wurde klar, dass ein Teil des Grundstücks in der Landwirtschaftszone liegt und dort keine Gebäude möglich sind. Die Lage der Schwimm- und Pflanzflächen sowie des gedeckten Sitzplatzes mussten deshalb noch einmal komplett geändert werden, damit das Projekt bewilligungsfähig wurde. Auf einige Elemente, wie etwa die Blauregenlaube oder den Saunagarten, musste verzichtet werden.

Trockenmauern planen und bauen

Mauern und Wände aus Steinen ohne verbindenden Beton und Mörtel zu bauen, ist eine jahrhundertealte Handwerkskunst. Im Gegensatz zu Betonmauern oder gemörtelten Natursteinmauern bieten Trockenmauern einen Lebensraum für eine Vielfalt von Pflanzen und Tieren und sind daher auch ein beliebtes Naturgartenelement.

Tipps zur Planung von Trockenmauern

- Trockenmauern benötigen in der Regel ab einer Höhe von 80 cm eine Baubewilligung. Vor dem Bau sollte also unbedingt bei der zuständigen Gemeinde/Stadt nachgefragt werden.
- Mauern ab einer Höhe von 100 cm sollten unter Anleitung von spezialisierten Fachbetrieben geplant werden.
- Art des Mauerwerkes (Mauerbild) festlegen: Zyklopenmauerwerk, Schroppenmauerwerk, Lagermauerwerk, Wechselmauerwerk, Recyclingmauer
- Material auswählen (regionales Material verwenden)
- Pflanzen für die Bepflanzung in der Mauer auswählen
- Ausbildung der Krone festlegen (Krone bepflanzt, Mauerdeckel als Abschluss der Krone, Abdeckplatte)
- Allfällige Nischen und/oder Aussparungen planen
- Einbau von Treppenstufen in Verbindung mit der Mauer sowie von Elektro- und/oder Wasseranschlüssen mitdenken

Tipps zum Bau von Trockenmauern

- Fundament (Fundation) aus Kiessand I erstellen (kein Beton)
- Schnurgerüst erstellen (Richtgerüst zur Ausrichtung und Höhe der Mauer)
- Grundstein auf die Fundationsschicht setzen
- Größere Steine für die Mauerkrone beiseitelegen
- Vor- und Hintermauerung parallel erstellen und beide Mauerteile mit durchgehenden Bindersteinen verbinden
- Hinterfüllung mit dem Aufbau der Mauer erstellen (Kiessand I)
- Zwischen Vor- und Hintermauerung kein Kiesmaterial verwenden
- Pflanzen bereits während des Aufbaus der Mauer einlegen
- Treppenstufen während des Aufbaus mit einbauen

Pflanzen für sonnige Trockenmauern
Arznei-Feld-Thymian – *Thymus pulegioides*
Dickblättriger Mauerpfeffer – *Sedum dasyphyllum*
Kriechendes Gipskraut – *Gypsophila repens*
Rundblättrige Glockenblume – *Campanula rotundifolia*
Sonnenröschen – *Helianthemum nummularium*
Warzige Wolfsmilch – *Euphorbia verrucosa*
Weißer Mauerpfeffer – *Sedum album*

Pflanzen für schattige Trockenmauern
Braunstieliger Streifenfarn – *Asplenium trichomanes*
Gelber Lerchensporn – *Corydalis lutea*
Mauerraute – *Asplenium ruta-muraria*
Rundblättriger Steinbrech – *Saxifraga rotundifolia*
Schöllkraut – *Chelidonium majus*
Zimbelkraut – *Cymbalaria muralis*

Das Zimbelkraut *(Cymbalaria muralis)* ist eine typische Mauerpflanze und eher anspruchslos was den Standort angeht. Sie bevorzugt halbschattige Standorte, wächst aber durchaus auch an sonnigen Mauerabschnitten.

05

Der schlanke Badeteich

Wer glaubt, für ein chlorfreies Badevergnügen sei ein enormes Grundstück vonnöten, wird hier eines Besseren belehrt: Auf einem schmalen Streifen ist in diesem Garten ein gemütlicher, naturnaher Schwimmteich entstanden, der direkt von der Terrasse am Haus erreichbar ist. Rundherum ist aus den ehemaligen Rasenflächen ein Wohlfühlparadies für Mensch und Tier entstanden, mit gemütlichen Sitzplätzen und zahlreichen einheimischen Pflanzen.

Die Ausgangslage

Die Wunschliste der Familie, die dieses eigenwillige Gebäude an leichter Hanglage bereits seit Längerem bewohnt, war lang und schien auf den ersten Blick nicht umsetzbar. Der größte Wunsch war, auf einem der schmalen Gartenstreifen, die rund um das Haus verlaufen, einen Naturteich mit natürlicher Wasserregeneration einzurichten, der auch ein erfrischendes Bad erlaubt. Daneben sollten verschiedene Sitzplätze, unter anderem ein Schattenplatz direkt am Teich, eingerichtet sowie ein Platz zum Spielen und Toben für die Kinder freigehalten werden. Weiter wünschte sich die Familie einen Ort, an dem Beeren, Früchte und Kräuter wachsen und ein wenig Gemüse angepflanzt werden kann, sowie eine grundsätzlich neue Bepflanzung mit heimischen Sträuchern und Stauden, die anstelle der exotischen Pflanzen treten sollen.

Das Konzept

Die vier Gartenbereiche, die rund um das Gebäude verlaufen, sind zum Teil sehr schmal und damit etwas schwieriger zu gestalten als größere, breitere Flächen. Dafür bringen sie hier den Vorteil mit sich, dass im Garten verschiedene Mikroklimas vorherrschen, die genutzt werden können, um ganz unterschiedliche Gartensituationen zu ersinnen. Ein weiterer Vorteil ist, dass der breiteste Gartenstreifen zugleich der ebenste ist und auf der Südseite verläuft. Damit eignet er sich ideal, um den gewünschten Naturbadeteich einzubringen. Gegen Westen findet sich zugleich noch Platz, um in der Ecke einen gemütlichen Sitzplatz einzurichten. Auf der Südwestseite herrschen ideale Bedingungen für einen Nutzpflanzengarten mit Beeren, Kräutern und Gemüse vor. Im Norden wiederum lässt sich ein kleiner, im Sommer schön kühl bleibender Sitzplatz einrichten und auf dem schmalen Streifen entlang der Fassade ein «Wäldchen» mit Sträuchern, Farnen und schattenliebenden Pflanzen gestalten.

1 Feldahorn (bestehend)

2 «Doldenrund» – Stauden-Arrangement mit Sterndolde, Engelwurz, Meisterwurz u. a.

3 Sitzplatz mit Rundkiesbelag

4 Eibenhecke (bestehend)

5 Sitzmauer aus Gneis

6 «Morgentau» – Schattensaum entlang von Hecken mit Veilchen, Hasenlattich, Glockenblume, Knautie u. a.

7 «Feen-Zauber» – Waldwiese mit Schneeglöckchen, Storchschnabel, Witwenblume, Waldschmiele, Lichtnelke u. a.

8 Gehölzgruppe, ergänzt mit einheimischen Kleinsträuchern

9 «Waldfeuerplatz» mit Holzschnitzelbelag und Feuerschale

10 Rasenfläche

11 «Blue Bayou» – Komposition mit Wiesen-Salbei, Glockenblumen, Esparsette, Skabiosen-Flockenblumen u. a.

12 Natursteinplatte

13 «Merlin» – Auslese von üppigen Waldstauden, Farnen und Gräsern

14 Holzdeck

15 Schwimmteich ca. 6 × 3,8 m

16 «Rumpelstilzchen» – niedrig wachsende Blütenhecke mit Bibernell-Rose, Färber-Ginster, Felsenbirne u. a.

17 Regenerationsbereich mit verschiedenen Wasser- und Uferpflanzen

18 Sitzplatz mit Rundkiesbelag und Wildbirne als Schattenspender

19 Hochbeete aus Rohstahl, bepflanzt mit Gemüse, Kräutern und Beeren

20 «Duftwolke» – Streifen für wunderbar duftende Stauden

21 Stufen aus Stellriemen

22 Palmenhof, bepflanzt mit Palmen, Farnen und Waldstauden

Auftakt im Norden

Auf der Nordseite des Hauses liegt der Eingangsbereich. Dort wächst bereits ein stattlicher Feld-Ahorn, der dem Haus einen grünen Auftakt beschert. Hier haben wir einzig die Unterbepflanzung ausgetauscht und anstelle von exotischen Bodendeckern verschiedene heimische Schattenstauden wie Große Sterndolde *(Astrantia major)*, Mandelblättrige Wolfsmilch *(Euphorbia amygdaloides)*, Lungenkraut *(Pulmonaria officinalis)* und Echten Waldmeister *(Galium odoratum)* eingepflanzt. Neben dem Eingang liegt, etwas eingesenkt, ein Sitzplatz, der mit einem Rundkiesbelag ausgestattet wurde und der im Sommer wunderbar kühl und schattig liegt.

Der Eingangsbereich wird von einem bestehenden Feld-Ahorn beschützt. Die Staudenfläche unter dem Baum wird mit heimischen Schattenstauden neu bepflanzt.

Der Waldfeuerplatz

Entlang der Nordfassade führt nun ein schmaler, mit Holzschnitzeln ausgelegter Pfad durch einen Hain aus verschiedenen heimischen Sträuchern wie Schwarzem Holunder *(Sambucus nigra)*, Hasel *(Corylus avellana)*, Wolligem Schneeball *(Viburnum lantana)* und Pfaffenhütchen *(Euonymus europaeus)*. Anstelle des Rasens, der hier nur mit aufwendiger Pflege erhalten werden konnte, wachsen nun verschiedene Tiefschattenstauden wie Wald-Geißbart *(Aruncus dioicus)*, Rasen-Schmiele *(Deschampsia cespitosa)*, Wald-Witwenblume *(Knautia dipsacifolia)*, Immenblatt *(Melittis melissophyllum)*, Wald-Frauenfarn *(Athyrium filix-femina)*, Wald-Segge *(Carex sylvatica)* und Vielblütiges Salomonssiegel *(Polygonatum multiflorum)*. Der ursprüngliche Plan, mitten in diesem «Wäldchen» eine kleine Feuerstelle einzurichten, wurde am Ende leider doch nicht umgesetzt.

Im unteren Teil, zwischen Wäldchen und Badeteich, bleibt ein Stück der Rasenfläche bestehen. Hier kann das von den Eigentümern gewünschte Trampolin gut in den Boden eingelassen werden. Zugleich bietet die Fläche den Kindern genügend Platz zum Spielen und Toben.

Anstelle der öden und pflegeintensiven Rasenfläche wachsen auf der Schattenseite des Hauses einheimische Sträucher und Stauden, die einen wertvollen Lebensraum für Vögel, Schmetterlinge und andere Insekten bieten.

Schattige Bereiche im Garten sind ideale Standorte für Farne und Waldpflanzen. Selbst wer sich auf einheimische Farnarten beschränken will, kann aus einigen verschiedenen Arten auswählen.

Der Wohn- und Badegarten

Auf der südlichen Seite haben wir den Badeteich platziert. Weil selbst auf dieser Grundstücksseite nur wenig Platz zur Verfügung steht, fassen wir den Badeteich mit einem Stahlband ein und integrieren sowohl den Bade- als auch den Regenerationsbereich in diesem schlanken Band. Vom Sitzplatz am Haus führt eine Holzterrasse bis an den Teich und direkt ins Badevergnügen.

Gegen Osten legen wir einen weiteren Sitzplatz an. Die ehemalige Rasenfläche wird durch einen Kiesbelag ersetzt, ein massiver Tisch aus Eichenholz wird fest im Boden verankert. Eine mehrstämmige Wildbirne *(Pyrus pyraster)* – ein seltenes heimisches Gehölz, das in unseren Gärten durchaus öfter Verwendung finden dürfte – wird den Platz in Zukunft beschatten. An den Rändern des Kiesplatzes bringen Wegwarte *(Cichorium intybus)*, Natternkopf *(Echium vulgare)*, Färber-Hundskamille *(Anthemis tinctoria)*, Färber-Wau *(Reseda luteola)* und Kartäuser-Nelke *(Dianthus carthusianorum)* Farbe in den Garten.

Aus der schmalen Rasenfläche wird ein spannender Wassergarten mit einem Sommersitzplatz direkt am Teich. Die ursprüngliche Sitzfläche auf dem Holzdeck wird verkleinert, um dem Badeteich mehr Raum zu verschaffen.

Nach Westen schließt eine Trockenmauer aus Recyclingmaterial den Garten ab. Dieser Abendsitzplatz wird von einem Baum natürlich beschattet.

Der Frucht- und Nutzgarten

Die Südwestseite bietet sich für das Ziehen von verschiedenen Früchten und Gemüsen an. In Hochbeeten aus Stahl, die mit ihrer Form das schiefe Gelände ideal aufnehmen, wachsen neben Gemüse auch Beeren und Rhabarber, an der Fassade rankt Spalierobst empor. Auf dem neu ausgelegten, trockenen und warmen Kiesboden wachsen begleitend verschiedene Kräuter wie Rosmarin *(Rosmarinus officinalis)*, Garten-Salbei *(Salvia officinalis)*, Echter Ysop *(Hyssopus officinalis)*, Garten- und Zitronen-Thymian *(Thymus vulgaris, T. citriodorus)*, Berg-Bohnenkraut *(Satureja montana)*, Zitronen-Bergbohnenkraut (*Satureja montana* var. *citriodora*), Estragon *(Artemisia dracunculus)*, Garten-Majoran *(Origanum majorana)*, Currykraut *(Helichrysum italicum)* und Weinraute *(Ruta graveolens)*.

Die Eigentümer wünschten sich einige Hochbeete für Gemüse und Kräuter. Die Beeteinfassungen aus rohem Stahl ließen sich in das Gelände integrieren, ohne dass dafür eine Terrassierung notwendig wurde. Während die Wege rundherum weiterhin dem natürlichen Geländeverlauf folgen, liegen die Pflanzenflächen auf einer Ebene.

In den Hochbeeten wachsen auch verschiedene Beerenarten. Da der anstehende Boden auf dem Grundstück sehr lehmhaltig ist, die Beeren jedoch einen humosen, durchlässigen Boden bevorzugen, haben sie hier einen idealen Platz gefunden.

Verwendete Materialien

- Stahlkonstruktionen mit Oberfläche aus rohem Walzstahl (rostend)
- Trockenmauern aus Recyclingmaterial (Beton, Naturstein, teilweise vorhandenes Material)
- Kiesmaterialien: Wandkies 1. Klasse, Straßenkies gebrochen 0–15 mm, Rundkies 4–8 mm aus der Region
- großformatige Betonplatte, auf Maß gefertigt in einem Betonwerk in der Region
- Oberboden und Kompost aus der Region

Phasen des Gartenumbaus

Ob ein Bau einfach oder kompliziert ist, hängt in erster Linie von der Zugänglichkeit ab. In diesem Fall liegt das Haus direkt an einer Straße. Das Material, das aus dem Garten entfernt und jenes, das neu in den Garten eingebracht wurde, wurde auf der Nordseite hochgefahren. Damit wir die bestehenden Pflanzen erhalten konnten, hat sich der Nachbar bereit erklärt, einen Teil seines Gartens für eine Baupiste zur Verfügung zu stellen. Der Ablauf beim Umbau war damit klar vorgegeben: von Süden nach Südosten, dann nach Norden und letztendlich über die Nordwestseite wieder aus dem Garten hinaus. Dies bedingte, dass immer nur Schritt für Schritt vorgegangen werden konnte und ein Bereich komplett fertiggestellt sein musste, bevor der nächste bearbeitet werden konnte. Auch die Werkstofflieferungen mussten einige Wochen vorweg organisiert und gut eingetaktet sein, da es aufgrund der engen Verhältnisse unmöglich war, größere Mengen an Baustoffen zu lagern. Wer ein solch umfangreiches Vorhaben plant, muss mit einigen Wochen Bauzeit rechnen. Auf jeden Fall ist für ein Projekt wie dieses ein Bauablaufplan notwendig, damit die Gärtner auf dem Bau genau wissen, wann sie wie vorgehen müssen.

Hochbeete – Trend mit Tücken?

Hochbeete sind im Trend und beliebt, weil sie eine ideale Arbeitshöhe haben. Damit der Anbau im Hochbeet gelingt, gilt es jedoch einiges zu beachten und sich der Vor- und Nachteile verschiedener Hochbeetarten bewusst zu sein.

Das gilt es zu beachten

- Die ideale Größe von Hochbeeten liegt bei einer Höhe von 80 bis 100 cm (je nach Personengröße) und einer Breite von 80 bis 100 cm.
- Hochbeete sollten zuunterst mit Holzschnitzeln oder zerkleinertem Astmaterial etwa 20 cm hoch befüllt werden. Alternativ sind auch durchlässige Materialien wie Steine (Kies) oder Blähton möglich. Der Rest, also 60 bis 70 cm, wird mit einer Erdmischung aufgefüllt. Dafür sollte jedoch kein normaler Oberboden verwendet werden, da die Beete sonst schnell versalzen und der Anbau dadurch unmöglich wird. Es empfiehlt sich, hierfür spezielle Hochbeet- oder Naschgartenerde zu kaufen. Wer selbst eine Mischung herstellen will, nimmt 50 % Landerde, 30 % Kompost und 20 % Sand oder sehr feinen Kies, Lava- oder Ziegelschrot.
- Der Anbau in Hochbeeten benötigt einiges mehr an Wasser als Bodenkulturen. In der Nähe einen Brunnen mit Regenwasserspeicher zu bauen, ergibt also durchaus Sinn, wenn man nicht jeden Tag Wasser schleppen will. Bei Hochbeeten auf Terrassen sollte man die Installation einer Bewässerungsanlage in Erwägung ziehen.

Vor- und Nachteile von verschiedenen Hochbeet-Typen

Hochbeete aus Holz

- \+ in der Regel kostengünstig (z. B. Hochbeete aus Palettrahmen)
- \+ einfach aufzustellen
- \+ lassen sich einfach wieder entfernen
- – Holzqualität sehr unterschiedlich, oft werden Hölzer von weit her verwendet
- – je nach Qualität des Holzes kurze Haltbarkeit
- – müssen mit einer Folie vor direktem Kontakt mit der Erde geschützt werden

Hochbeete aus Stein (Trockenmauer)

- \+ dauerhaft und langlebig
- \+ ergeben mit nährstoffarmem Kies verfüllt ein perfektes Kräuterbeet
- \+ lassen sich optisch gut in einen Naturgarten integrieren
- \+ können auch in eine Trockenmauer integriert werden, die noch andere Funktionen erfüllt
- – aufwendig im Bau
- – hohes Gewicht, für Terrassen und Balkone eher ungeeignet
- – in den Fugen und Ritzen können Schnecken Eier ablegen

Hochbeete aus Stein (gemauert)

- \+ dauerhaft und robust
- \+ können in die architektonische Gestaltung eines Gebäudes integriert werden (Beton, Backstein usw.)
- – aufwendig im Bau, stabiles Fundament notwendig
- – müssen innen ausgekleidet werden, um die Mauern vor Feuchtigkeit zu schützen

Hochbeet aus Stahl (roh oder mit Oberflächenbehandlung)

- \+ dauerhaft und robust
- \+ ausgefallene und geschwungene Formen sind möglich
- \+ keine Auskleidung notwendig, Erdmischung kann direkt eingefüllt werden
- – je nach Größe hohes Gewicht
- – anfangs gibt der Stahl Partikel ab (Verschmutzung der Kleidung)

06

Ein Sitzplatz mit Charakter

Durch Neubauten in der Nachbarschaft ist der einst gemütliche Sitzplatz am Haus kaum mehr vor Einblicken geschützt. Außerdem war der Bodenbelag, ein zwanzig Jahre altes Holzdeck, sanierungsbedürftig. Gute Gründe also, sich etwas Neues zu überlegen und den Sitzplatz in neuem Licht erstrahlen zu lassen.

Die Ausgangslage

Das Grundstück verfügt über eine relativ große Grünfläche, die sich gegen Westen erstreckt, sowie über eine großzügige Terrasse, die direkt an das Haus anschließt. Darauf fühlten sich die Eigentümer auch wohl, bis in der Nachbarschaft einige neue Häuser entstanden sind. Vor allem an der nördlichen Grundstücksgrenze, wo vor Kurzem ein neues Haus gebaut wurde, bestand schließlich der Wunsch nach einem besseren Sichtschutz, um auf dem Sitzplatz wieder mehr Privatsphäre zu genießen. Bei dieser Gelegenheit sollte auch das alte Holzdeck ersetzt und zudem ein Brunnen oder ein Wasserspiel eingebaut werden, um das mit der Regenwasseranlage gesammelte Wasser sinnvoll nutzen zu können. Der Garten wird schon seit Jahren naturnah gepflegt und hat eine Handvoll interessante, eingewachsene Bereiche. Dennoch wünschten sich die Eigentümer den Rat einer Fachperson, um die bestehenden Lebensräume mit heimischen Pflanzen zu erweitern und aufzuwerten. Außerdem sollen nicht standortgerechte Pflanzenarten durch robuste einheimische ersetzt werden.

Das Konzept

Die wichtigste Idee bestand darin, den Sitzplatz weiter nach Westen und damit in den Hang hinein zu verschieben. So entsteht bereits ohne weiteres Zutun ein erster, natürlicher Sichtschutz, der für mehr Privatsphäre sorgt. Die Böschungen werden mit einer Trockenmauer aus Sandstein aufgefangen. Zusammen mit einer Pergola, die den Sitzplatz nach Norden hin abschließt, ergibt sich ein wunderbarer neuer Rückzugsort. Als Bodenbelag für die beiden Sitzplatzbereiche haben wir Sandsteinplatten und Kies vorgeschlagen, da beide Materialien ein angenehmes Mikroklima schaffen und zugleich einen wirksamen Kontrast zum Haus bilden, das sowohl innen als auch außen aus Holz gebaut ist. Ein großzügiges Wasserbecken teilt und strukturiert den Raum. Im oberen Gartenteil sorgen an der Nordseite einige Neupflanzungen für besseren Sichtschutz, zudem wird der Sitzplatz unter dem Kirschbaum etwas aufgefrischt und mit einer Sitzmauer aus Sandstein umfasst.

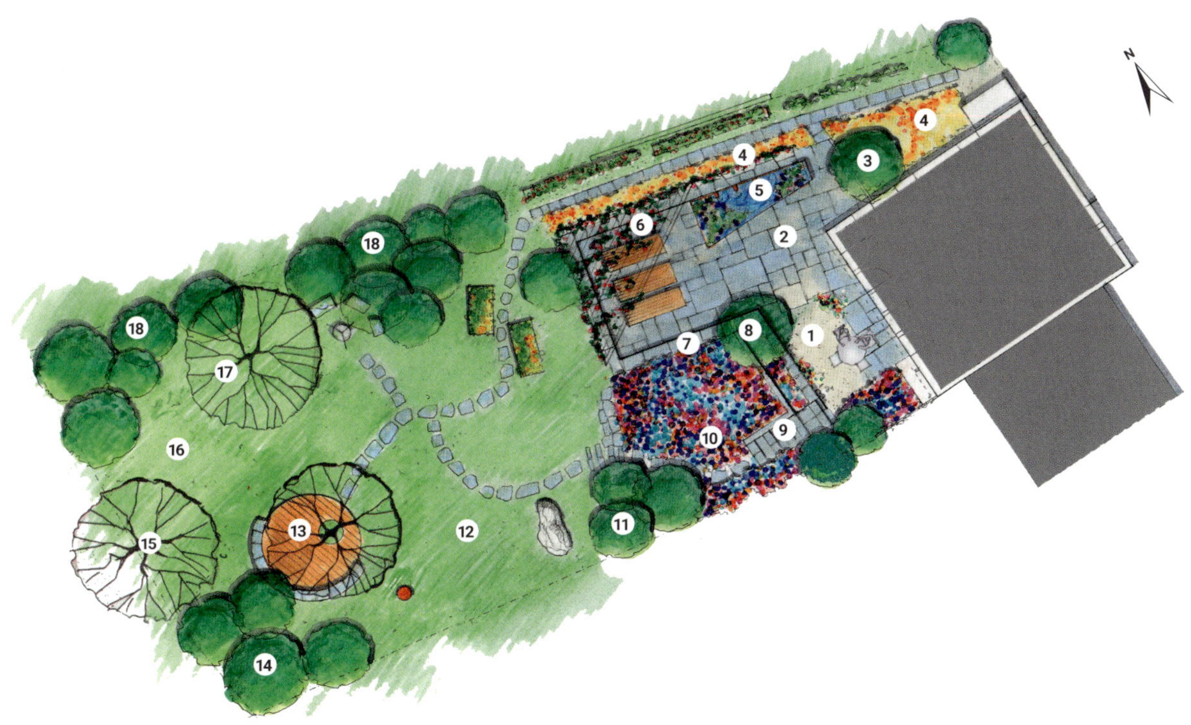

1 Sitzplatzbereich mit Rundkiesbelag
2 Sitzplatzbereich mit Sandsteinplatten, schottisch verlegt
3 Traubenkirsche
4 «Räuber Hotzenplotz»: Auslese von üppigen Waldstauden, geheimnisvollen Farnen und kräftigen Gräsern
5 Wasserbecken aus Rohstahl mit Wasserspeier, bepflanzt
6 Laube aus Metall, berankt mit Schlingrosen
7 Trockenmauer aus Sandstein
8 Strauchrose
9 Vorhandene Steintreppe (erweitert)
10 Ruderalfläche, ergänzt mit Duftkräutern und Frühlingsblüten
11 Wildrosen und Felsenbirne
12 Blumenwiese
13 Sommersitzplatz unter Kirschbaum, mit Holzdeck und Sandsteinsitzmauer
14 «Dornröschen»: Strauchkomposition, vorwiegend aus robusten Wildrosen und Liguster, Buchs und Schwarzdorn
15 Kirschbaum (bestehend)
16 Streuobstwiese
17 Apfelbaum (bestehend)
18 «König Drosselbart»: Vogelschutzhecke mit heimischen Sträuchern

Ein neuer Sitzplatz entsteht

Anders als im Konzept angedacht, wollten die Hausbesitzer für die beiden Sitzplätze doch lieber wieder ein Holzdeck aus heimischem Lärchenholz, da sie vom früheren Sitzplatz bereits daran gewöhnt sind und die Vorteile des milden Mikroklimas ungemein schätzen. Dass es im Bereich der Laube innerhalb kurzer Zeit zu einer Veralgung des Holzdecks kommen kann, nahmen sie in Kauf. Anstelle eines großen Wasserbeckens haben sich die Hausbesitzer außerdem für zwei kleinere entschieden. Das eine Becken liegt wie ursprünglich vorgeschlagen neben dem Sitzplatz im Norden, das andere auf dem Sitzplatz direkt vor dem Wohnzimmer und wird so auch in den Übergangszeiten und im Winter zu einem erlebbaren Gartenelement. Das Wasser aus dem selbst angelegten Regenwassertank speist die beiden Becken.

Der Sitzbereich wird von einer Trockenmauer aus Rorschacher Sandstein umfasst. Die Höhe der Mauer ist dabei so ausgelegt, dass das umliegende Gelände abgestützt und der Hang gesichert ist. Beim Sitzen sorgt die Mauerhöhe von maximal 150 cm für Geborgenheit, ohne dass man sich eingeengt fühlt.

Der Bau einer Trockenmauer verlangt insgesamt nach einer sehr genauen Arbeitsweise und benötigt – je nachdem, wie viel Mauer gebaut werden soll – auch etwas Geduld. Ein Steinarbeiter kann zusammen mit einer Hilfskraft, die die Mauern laufend hinterfüllt und bei schweren Steinen beim Heben hilft, pro Tag 6 bis 10 m^2 Mauerwerk errichten. In diesem Fall hier waren es gut 50 m^2 Mauer, die angelegt wurden. Dadurch sind aber schließlich nicht nur lauschige Ecken entstanden, sondern auch ein wichtiger Lebensraum für verschiedene spezialisierte Pflanzen- und Tierarten. Typische Mauerpflanzen wie Zimbelkraut *(Cymbalaria muralis)*, Braunstieliger Streifenfarn *(Asplenium trichomanes)* oder Weißer Mauerpfeffer *(Sedum album)* müssen während des Aufbaus der Mauer mit eingelegt werden, damit sie eine Chance haben, anzuwachsen. Nachträgliche Pflanzungen sind in der Regel leider zum Scheitern verurteilt.

Durch das Einsenken des Sitzplatzes im Gelände entsteht ein natürlicher Blickschutz zum Nachbarn. Die Pergola, die bald mit Schlingrosen überwachsen sein wird, unterstützt den Schutz zusätzlich.

Trockenmauern aus Sandstein stützen den Hang ab. Die eingebauten Nischen und Ablagen sind ideal, um passende Dekoelemente hineinzustellen.

Unter der Liegefläche aus Holz befindet sich der Regenwassertank. Dieser wurde von den Hausbesitzern selbst geplant und eingebaut.

Bewegtes Wasser war ein Wunsch der Eigentümer. Es wird aus dem Regenwassertank über die Wasserspeier in die Becken gepumpt und fließt anschließend dorthin zurück – ein geschlossener Wasserkreislauf.

Verwendete Materialien

- Trockenmauern und Treppenstufen aus Rorschacher Sandstein
- Schrittplatten aus Rorschacher Sandstein
- Beton BN P250/15er Betonkies
- Holzdeck aus CH-Lärche
- Kiesmaterialien: Wandkies 1. Klasse, Straßenkies gebrochen 0–15 mm, Rundkies 30–120 mm, Rundkies 4–8 mm, Betonkies 0–30 mm aus der Region
- Pergola aus rostendem Stahl
- Wasserbecken und Wasserspeier aus rostendem Stahl
- Bio-Kompost in Säcken (Ricoter)

Die Bepflanzung

Auf der Nordseite liegt ein von der Sonne abgewendetes Beet, das mit Schattenstauden und Farnen bepflanzt wurde, die dort sehr gut gedeihen und Pflegeeingriffe weitgehend überflüssig machen. Hier wachsen Echter Wurmfarn *(Dryopteris filix-mas)*, Mandelblättrige Wolfsmilch *(Euphorbia amygdaloides)* und Wald-Schlüsselblumen *(Primula elatior)* neben Berg-Flockenblume *(Centaurea montana)*, Wald-Glockenblume *(Campanula latifolia)* und Wald-Storchschnabel *(Geranium sylvaticum)*. Im Spätsommer blühen weiße Herbst-Anemonen (*Anemone japonica* 'Honorine Jobert').

Die Pergola haben wir mit Schlingrosen bepflanzt, die in den nächsten drei bis vier Jahren das gesamte Gerüst überwachsen werden und für natürliche Beschattung sowie einen angenehmen, dezenten Duft sorgen. Am Rankgerüst wachsen auch Trauben, die den heißen und trockenen Standort schätzen.

In den Wasserbecken wachsen verschiedene Wasserpflanzen wie Kalmus *(Acorus calamus)*, Teichbinse *(Schoenoplectus lacustris)* oder Sumpf-Schwertlilien *(Iris pseudacorus)*, die das Wasser lebendig halten und zusätzliches Grün in den Sitzplatzbereich bringen.

Die sich im Süden an den Sitzplatz anschließende Fläche wurde als Ruderalstandort konzipiert. Das heißt, in diesem Bereich ist kein Oberboden, sondern nur Kiesmaterial als Pflanzsubstrat eingebracht worden. Trockenheit liebende Stauden wie Küchenschelle *(Pulsatilla vulgaris)*, Echter Wundklee *(Anthyllis vulneraria)*, Taubenkropf-Leimkraut *(Silene vulgaris)* und Wilde Möhre (*Daucus carota* subsp. *carota*), aber auch Kräuter wie Thymian oder Lavendel fühlen sich an diesem Standort sehr wohl.

Im oberen Gartenteil wurden an der Nordseite einige einheimische Gehölze aus der Komposition «König Drosselbart» ergänzt. Hunds-Rose *(Rosa canina)*, Trauben-Holunder *(Sambucus racemosa)*, Liguster *(Ligustrum vulgare)*, Schlehdorn *(Prunus spinosa)* und Wein-Rose *(Rosa rubiginosa)* sorgen für mehr Sichtschutz und erhöhen zugleich die Artenvielfalt.

Im Staudenbeet auf der Nordseite wachsen Farne und Schattenpflanzen. Hier sind nur wenige Pflegemaßnahmen notwendig, um die Artenvielfalt auch längerfristig zu erhalten.

Nach einigen Jahren wird die Pergola von den beiden Schlingrosen komplett überwachsen sein.

Verschiedene Wasserpflanzen sorgen für klares, lebendiges Wasser in den beiden Stahlbecken. Der rostende Stahl hat keinen negativen Einfluss auf das Wachstum der Pflanzen.

Am Rankgerüst wachsen auch Trauben, die im Spätsommer geerntet werden können.

In der Nähe des Sitzplatzes wurde eine Ruderalfläche gestaltet. Die Küchenschelle *(Pulsatilla vulgaris)* ist eine der Pflanzen, die trockene Standorte zum Wachsen bevorzugt.

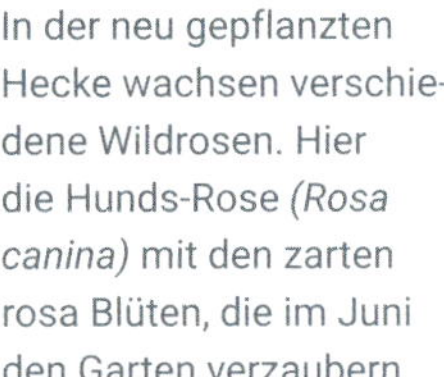

In der neu gepflanzten Hecke wachsen verschiedene Wildrosen. Hier die Hunds-Rose *(Rosa canina)* mit den zarten rosa Blüten, die im Juni den Garten verzaubern.

Die bestehende Wiese ist bereits sehr reichhaltig. Hier wachsen neben vielen anderen Blumen auch die Tauben-Skabiose *(Scabiosa columbaria)* und die Knäuel-Glockenblume *(Campanula glomerata)*. Beide sind sonst eher selten in Gärten anzutreffen.

Wer einen Naturgarten sein Eigen nennt, darf auch bei der Gartenausstattung durchaus höhere Umweltstandards ansetzen.

Nachhaltige Ausstattung

Als Gartengestalter freue ich mich, wenn in meinen Gärten keine 08/15-Möbel stehen. Wer auch hier auf regionale Produktion und Nachhaltigkeit achten möchte, muss allerdings einigen Aufwand betreiben. Solche Produkte sind leider selten, weil die Nachfrage bis jetzt nicht sehr groß ist. Dabei ist es nicht allein der Preis, der Gartenbesitzende davon abhält, in diesem Bereich hohe Umweltstandards zu verlangen. Denn leider gibt es durchaus sehr teure Möbel, die jedoch alles andere als umweltgerecht produziert wurden. Auch bei Labels, die Tropenholz aus sogenannten Plantagen anbieten, ist Skepsis zumindest angebracht. Selbst wenn diese Plantagen tatsächlich existieren, ist es immer noch sehr fraglich, ob es sinnvoll ist, Holz um die Welt zu fahren, wenn es in der gleichen oder ähnlichen Qualität auch bei uns wächst. Meistens lässt sich auch nicht in Erfahrung bringen, wo ein Möbel oder ein Sonnenschirm produziert wurde, auch nicht bei intensiver Nachfrage. Es lohnt sich also eher, in der Schweiz, in Deutschland und in Österreich nach Manufakturen zu suchen, die hochwertige Gartenmöbel herstellen.

Robuste Schling- und Kletterrosen für Naturgärten

Im naturnahen Garten werden in erster Linie die als Schling- oder Ramblerrosen bezeichneten Sorten verwendet. Ramblerrosen sind Rosensorten, die lange, einjährige Triebe ausbilden, mit deren Hilfe sie sich selbstständig an Bauteilen oder Bäumen hochranken können.

Kletterrosen sind hingegen Mutationen von nicht kletternden Strauchrosen, die kürzere Jahrestriebe bilden und insgesamt kleiner wachsen als Ramblerrosen. In der Liste sind auch einige Sorten, die in der Literatur meist als Strauchrosen aufgeführt sind, sich jedoch auch als kletternde Variante bewährt haben.

Top Ten der robusten Schlingrosen

	Sorte	Höhe [max.]	Blütenfarbe	Blüte	Weiteres
einmal blühend	'Alberic Barbier'	6 m	weiß mit hellgelber Mitte	gefüllt	nach frischen Äpfeln duftend
	'Albertine'	6 m	hell-lachsrosa	gefüllt	gut duftend
	'Alchymist'	5 m	apricot-goldgelb	gefüllt	gut duftend
	'Bobbie James'	10 m	cremeweiß	halbgefüllt	intensiver, feinherber Duft
	'Félicité et Perpétue'	7 m	cremeweiß	gefüllt	angenehmer Duft
	'Kew Rambler'	6 m	hellrosa mit weißer Mitte	einfach	zart duftend
	'New Dawn'	10 m	hellrosa	gefüllt	angenehmer Duft
	'Paul's Himalayan Musk'	12 m	weiß mit violettrosa	halbgefüllt	süßlicher Duft
	'Rambling Rector'	10 m	weiß	halbgefüllt	guter Duft
	'Veilchenblau'	5 m	purpur mit weißer Mitte	halbgefüllt	guter Duft nach Äpfeln

Die Sorte 'Veilchenblau' gehört zu den robusten und gesunden Schlingrosen und eignet sich hervorragend für Pergolen und Rankgerüste.

Robuste Kletterrosen

	Sorte	**Höhe** [max.]	Blütenfarbe	Blüte	Weiteres
einmal blühend	'Alba Maxima'	5 m	reinweiß	gefüllt	intensiver Duft
	'Alexandre Girault'	6 m	leuchtend rosa	gefüllt	fruchtiger Duft
	'Auguste Gervais'	6 m	apricot-rosa, in Weiß übergehend	gefüllt	gut duftend
	'Babette Rambler'	5 m	leuchtend rot	gefüllt	leicht duftend
	'Bleu Magenta'	5 m	purpur	gefüllt	leicht duftend
	'Débutante'	4 m	rosa	gefüllt	nach Primeln duftend
	'Filipes Kiftsgate'	12 m	weiß	einfach	gut duftend
	'Goldfinch'	4 m	primelgelb, im Abblühen weiß werdend	halbgefüllt	leicht duftend
	'Hiawatha'	5 m	purpurrot	einfach	leicht duftend
	'Lady Curzon'	3 m	hellrosa	einfach	gut duftend
	'Lykkefund'	6 m	weiß mit hellgelber Mitte	halbgefüllt	gut duftend; stachellos
	'May Queen'	5 m	mauve, im Abblühen zartrosa werdend	gefüllt	gut duftend
	'Rose-Marie Viaud'	5 m	violett	gefüllt	leicht duftend
	'Seagull'	5 m	weiß	halbgefüllt	stark duftend
	'Sir Cedric Morris'	7 m	weiß	einfach	leicht duftend
	'Venusta Pendula'	5 m	zartrosa-weiß	halbgefüllt	leicht duftend
	Rosa multiflora	8 m	zartrosa-weiß	einfach	leicht duftend
öfter blühend	'Blush Noisette'	5 m	hellrosa-lila, später weiß werdend	gefüllt	leicht duftend
	'Clair Matin'	3 m	rosa	halbgefüllt	leicht duftend
	'Danse du Feu'	5 m	scharlachrot	gefüllt	leicht duftend
	'Ghislaine de Féligonde'	3 m	gelb-apricot, schließlich cremeweiß	gefüllt	leicht duftend; kaum Stacheln

07

Wie aus einem Dreieck eine runde Sache wird

Eigenwillige Grundstücksformen, wie dreieckige in diesem Beispiel, sind oft eine Herausforderung für Gartengestalter. Auf dem Grundrissplan wirkt es wie ein Kuchenstück. Betritt man heute den Garten, ist davon nichts mehr zu sehen. Neu und naturnah bepflanzt und mit einem Naturbadeteich ausgestattet, ist aus dem «Kuchenstück» eine «runde Sache» geworden.

Die Ausgangslage

Hauptgrund für dieses Umgestaltungsprojekt war der Wunsch der Eigentümer nach einem Naturbadeteich, dessen Wasser allein durch die Pflanzen der Regenerationszone gereinigt wird, ohne Chemie und Technik. Anstelle des bestehenden Feucht-Biotops, das etwas in die Jahre gekommen und damit sanierungsbedürftig ist, soll ein Teich entstehen, der als Lebensraum funktioniert und gleichzeitig zum Schwimmen einlädt. Den Gartenbesitzern lag zudem eine naturnahe Gestaltung am Herzen, die mehr einheimische Artenvielfalt in den Garten bringt. Bis auf den Blumen-Hartriegel und den Wilden Wein an der Betonwand oberhalb der Garage durften daher auch alle anderen, vorwiegend nicht heimischen Pflanzen, ersetzt werden. Die schmalen Pflanzstreifen rund um das Haus standen für die Eigentümer nicht im Vordergrund einer Umgestaltung, konnten aber in das Konzept miteinbezogen werden. Dabei sollte dann allerdings nur eine pflanzliche und keine bauliche Veränderung vorgenommen werden. Eine Neugestaltung der Terrasse am Haus wurde nicht explizit gewünscht und blieb daher dem Gartengestalter überlassen.

Das Konzept

Um den Eigentümern aufzuzeigen, welche Potenziale ihr Garten birgt und wie sich der Raum je nach Positionierung des Teichs verändert, haben wir drei Varianten ausgearbeitet. Bei der Variante «Escondido» liegt der Teich quer zum Grundstücksverlauf und relativ nahe beim Sitzplatz. In diesem Fall würde der Schwimmteich den Garten dominieren. Bei der Variante «Soave» ist der Teich parallel zum Grundstücksverlauf an der Ostseite positioniert. Er liegt etwas weiter vom Sitzplatz entfernt und ist von einer etwas großzügiger gestalteten Regenerationszone umrahmt, sodass er etwas mehr aus dem Sichtfeld rückt. Bei der Variante «Magnolia» wird der Teich hingegen diagonal ausgerichtet, sodass er parallel zur Grundstückgrenze auf der Südwestseite verläuft. Das Spiel mit der Diagonalen zieht sich dabei durch den ganzen Garten.
In allen drei Varianten wurde der hintere Gartenteil so bepflanzt, dass die spitze Ecke verschwindet und optisch der Eindruck eines rechteckigeren Geländes entsteht.
Entschieden haben sich die Besitzer schließlich für die Variante «Magnolia», kombiniert mit einigen Elementen aus den anderen beiden Varianten.

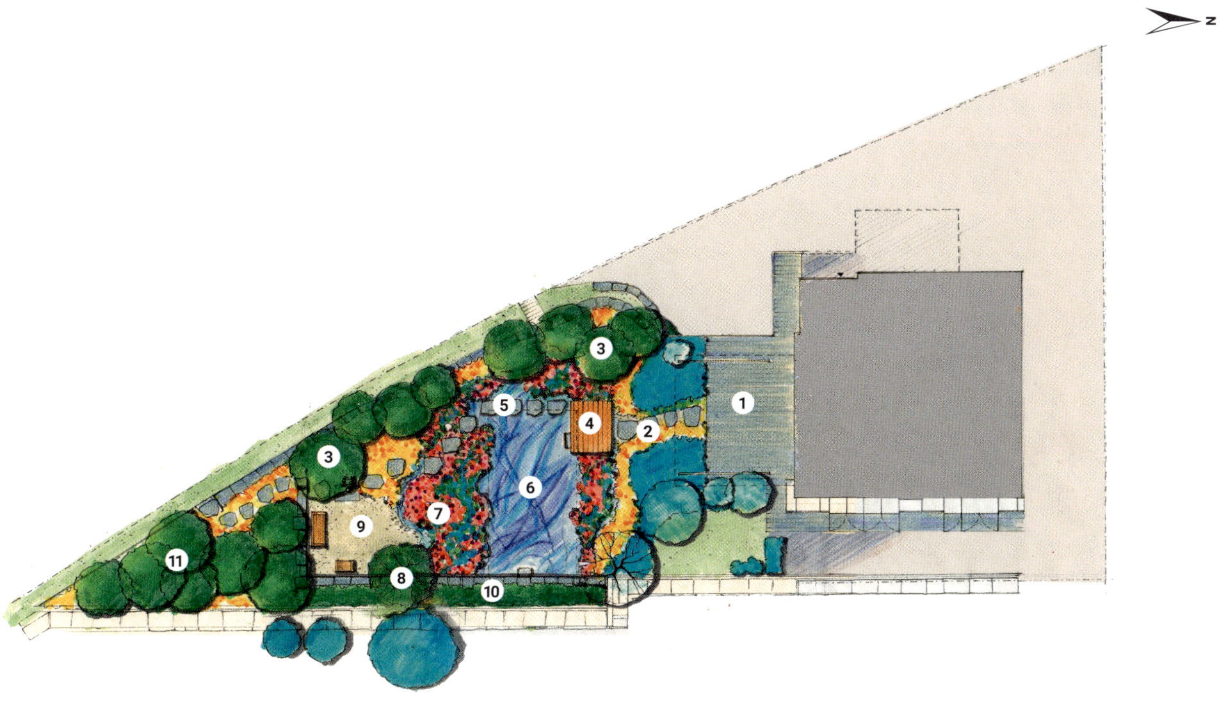

«Escondido»

1 Sitzplatz (bestehend)
2 Blütenstauden
3 Weiden-Sanddorn-Dickicht, ergänzt mit Wildrosen
4 Holzdeck aus Lärche
5 Trittplatten aus Sandstein
6 Schwimmteich (ca. 8 × 4 m)
7 Regenerationsbereich
8 Ohr-Weide
9 Sitzplatz mit Rundkiesbelag
10 Felsenbirnen-Spalier
11 Strauchgruppe mit Wildem Flieder, Liguster, Wildapfel u. a.

Bestehende Bepflanzung

«Soave»

1 Sitzplatz (bestehend)
2 Blütenstauden
3 Trittplatten aus Sandstein
4 Regenerationsbereich mit Sumpf- und Wasserpflanzen
5 Wilder Flieder
6 Feldahorn- und Zierapfelspaliere
7 Schwimmteich (ca. 7 × 4 m)
8 Holzdeck aus Lärche
9 Rosenlaube aus Stahl
10 Weg mit Rundkiesbelag
11 Wildrosen
12 Sichtschutz aus heimischen Sträuchern
13 Ohr- und Purpur-Weiden
14 Strauchrosen und Liguster

Bestehende Bepflanzung

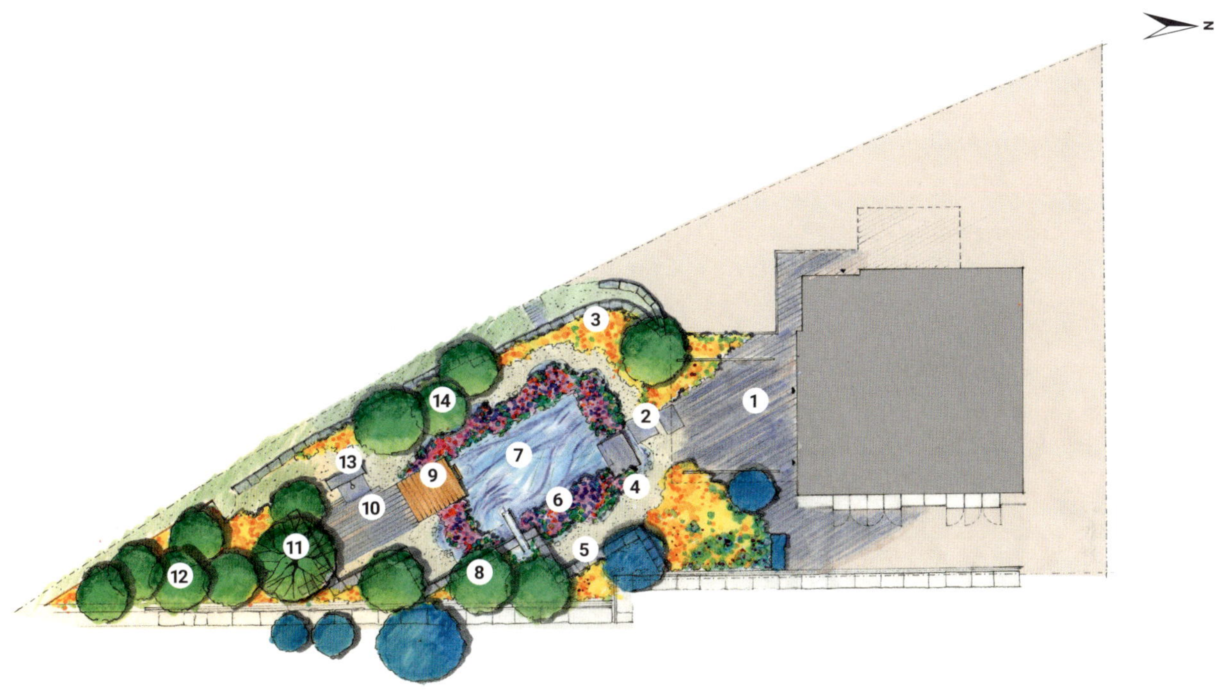

«Magnolia»

1 Sitzplatz mit Sandsteinplatten, diagonal in Bahnen verlegt
2 Trittsteine aus Sandstein
3 Blütenstauden
4 Weg mit Rundkiesbelag
5 Trockenmauer aus Sandstein
6 Regenerationsbereich
7 Schwimmteich (ca. 7 × 4 m)
8 Liguster und Strauchrose
9 Holzdeck aus Lärche
10 Sitzplatz mit Sandsteinplatten, in Bahnen verlegt
11 Magnolie
12 Strauchgruppe mit Eibe, Schneeball, Liguster und Geißblatt
13 Duschwand aus Sandstein
14 Strauchweiden

Bestehende Bepflanzung

Lauschige Sitzplätze

Aus dem Wohnzimmer gelangt man direkt auf die Terrasse an der Südfassade. Um die diagonale Ausrichtung des neuen Gartens zu betonen, wurde der bestehende Plattenbelag aus Betonplatten entfernt und durch Natursteine ersetzt, die in diagonaler Richtung zum Haus verlaufen. Der gewählte Sandstein hat außerdem den Vorteil, dass er im Sommer etwas weniger heiß wird. Die großzügig konzipierte Fläche bietet zudem auch Platz für größere Feiern.

Um die Länge des Gartens erlebbar zu machen, haben wir gegenüber der Süd-Terrasse einen weiteren Sitzplatz eingeplant. Es ist ein Ort für den Hochsommer, wenn es auf der Terrasse an der Südfassade zu heiß wird. Unter einer Laube aus Stahl, die mit Schlingrosen bewachsen ist, kann man im kühlen Schatten der Pflanzen sitzen oder liegen. Der Platz ist mit Rundkies ausgelegt, somit wasserdurchlässig und vegetationsfähig. Über ein Holzdeck gelangt man auch von dieser Seite bequem über eine Holzleiter in das kühlende Nass. Eine Sandsteinwand mit einer eingebauten Dusche dient als Sichtschutz und schließt den Garten zur Straße hin ab. Die Wand wurde aus Rorschacher Sandstein in Trockenbauweise aufgerichtet.

Der Sitzplatz am Haus wurde mit Sandsteinplatten verlegt. Diese verlaufen in der gleichen Richtung wie der Schwimmteich und bewirken so eine optische Verbindung zwischen dem Haus und dem neu gestalteten Gartenteil.

Die Trittsteine aus Rorschacher Sandstein verbinden den Sitzplatz am Haus mit dem Sommersitzplatz unter der Pergola. Sie bilden einen verschlungenen Pfad, der über den Teich und zwischen den Wasserpflanzen hindurchführt.

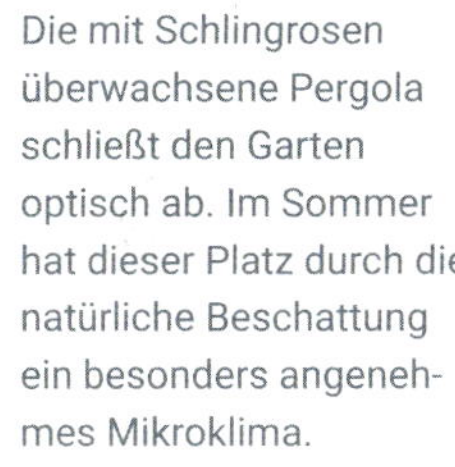

Die mit Schlingrosen überwachsene Pergola schließt den Garten optisch ab. Im Sommer hat dieser Platz durch die natürliche Beschattung ein besonders angenehmes Mikroklima.

Der Natur-Badeteich

Im Zentrum des Gartens liegt der neue Gartenteich mit einer Schwimmfläche von 7,0 × 3,8 m. Rund um den Schwimmbereich sind die Regenerationszonen angeordnet, die noch einmal die gleiche Fläche wie der Teil zum Baden belegen, also ungefähr 28 m^2. Eine Trockenmauer aus Rorschacher Sandstein nimmt den Höhenunterschied zum Nachbargrundstück von etwa 70 cm locker auf. Die Mauer wurde ebenfalls entlang einer diagonalen Linie und nicht etwa parallel zur Grundstücksgrenze geführt. Dafür musste sie mehrfach abgewinkelt werden, wodurch verschiedene interessante Nischen und Ecken entstanden sind, die zum Verweilen einladen. Ein Wasserspiel aus einer langen Rinne ergänzt den Teich auf individuelle Art. Das Wasser wird über einen Skimmer aus dem Teich gepumpt und oberhalb der Mauer in einen winzig kleinen Teich geführt, der ebenfalls mit Sumpfpflanzen bewachsen ist. Von dort gelangt das Wasser in die Rinne aus beschichtetem Stahl und wieder zurück in den Schwimmteich.

Bewegtes Wasser war ein Wunsch der Eigentümer. Es hat keinen Einfluss auf die Qualität der Wasserreinigung. Diese wird einzig und allein von den Pflanzen in den Regenerationszonen gewährleistet.

Durch die Gestaltung der Trockenmauer sind neue Gartenräume entstanden, die weitere Einblicke in den Garten und in die Landschaft erlauben.

Wasser zieht Tiere geradezu magisch an. Libellen tanzen, kaum war das Wasser eingelassen, über die Wasserfläche.

Amphibien brauchen etwas länger, bis sie zum neuen Gewässer finden. Auf keinen Fall sollten Amphibien aus anderen Teichen eingesetzt werden. Sie sind meist an ihre Heimatgewässer gebunden und würden versuchen, wieder dorthin zurückzukehren.

Verwendete Materialien

- Trockenmauern aus Rorschacher Sandstein
- Bodenplatten aus Rorschacher Sandstein in Bahnen, Oberflächen geflammt
- SCHALIT Schalungssteine aus Beton
- Armierungsstahl für die Schalungssteinmauer
- Beton BN P300 / 15er Betonkies
- Holzdeck aus CH-Lärche
- Schwimmbadleiter aus CH-Eichenholz
- Kiesmaterialien: Sand gewaschen 0–4 mm, Wandkies 1. Klasse, Straßenkies gebrochen 0–15 mm, Rundkies 4–8 mm, Betonkies 0–30 mm aus der Region
- Teichfolie aus EPDM (Ethylen-Propylen-Dien-Kautschuk), hergestellt in Deutschland
- Pergola aus Stahl, verzinkt
- Kompost aus regionaler Kompostierungsanlage

Die Bepflanzung

Aufgrund der beschränkten Fläche und auf Wunsch der Gartenbesitzer verzichteten wir gänzlich auf eine Rasenfläche und arbeiteten mit Gehölzen und Stauden, die den Garten das ganze Jahr über attraktiv machen.

Der Blumen-Hartriegel *(Cornus florida)* direkt an der Süd-Terrasse wurde auf Wunsch der Gartenbesitzer erhalten und nach dem Umbau wieder eingepflanzt. In den sonnigen und heißen Flächen um die Terrasse wurden Blütenstauden, Gräser und Küchenkräuter eingepflanzt. Hier wächst nun eine Komposition aus Berg-Aster *(Aster amellus)*, Weinberg-Tulpe *(Tulipa sylvestris)*, Traubenhyazinthe *(Muscari racemosum)*, Tauben-Skabiose *(Scabiosa columbaria)*, Wiesen-Salbei *(Salvia pratensis)*, Schwarzer Königskerze *(Verbascum nigrum)*, Großem Ehrenpreis *(Veronica teucrium)*, Reitgras (*Calamagrostis × acutiflora* 'Karl Foerster'), Steppen-Salbei *(Salvia nemorosa)* und Zittergras *(Briza media)*.

Als Sichtschutz zum Nachbarn auf der Südostseite, dessen Haus auch etwas höher liegt, fungiert eine schlanke Hecke aus Kupfer-Felsenbirnen *(Amelanchier lamarckii)*.

Um den spitzen Winkel im Süden optisch zu entschärfen, haben wir hinter der Rosenlaube die Fläche mit Sträuchern bepflanzt. Hier wachsen nun Wolliger Schneeball *(Viburnum lantana)*, Bibernell-Rose *(Rosa spinosissima)*, Schlehdorn *(Prunus spinosa)* und Wilder Flieder *(Syringa vulgaris)*.

Die ursprüngliche Namensgeberin des Projektes, die Tulpen-Magnolie (*Magnolia × soulangeana*), hat sich mit dem lehmigen Boden und der zunehmenden Trockenheit leider nicht wohlgefühlt und musste nach drei Jahren ersetzt werden. Hier wächst nun eine einheimische Wildbirne *(Pyrus pyraster)*, die bezüglich Bodenqualität genügsamer und in Bezug auf Trockenheit unempfindlicher ist.

Am und im Teich wachsen und blühen verschiedene Wasser- und Sumpfpflanzen. In den bis 80 cm tiefen Bereichen sind es die Weiße Seerose *(Nymphaea alba)* und verschiedene Unterwasserpflanzen, wie das Raue Hornblatt *(Ceratophyllum demersum)*, das Glänzende Laichkraut *(Potamogeton lucens)* und das Krause Laichkraut *(Potamogeton crispus)*. In Tiefen zwischen 20 und 40 cm wachsen verschiedene Arten aus dem Lebensraum Stillwasser-Röhricht, wie der Ästige Igelkolben *(Sparganium erectum)*, der Zwerg-Rohrkolben *(Typha minima)*, Kalmus *(Acorus calamus)*, die schöne Schwanenblume *(Butomus umbellatus)*, der Große Sumpf-Hahnenfuß *(Ranunculus lingua)* und die Teichbinse *(Schoenoplectus lacustris)*. In den wechselfeuchten Rand- oder Sumpfzonen blühen der Blut-Weiderich *(Lythrum salicaria)*, die Sumpf-Schwertlilie *(Iris pseudacorus)*, die Sumpf-Dotterblume *(Caltha palustris)*, die exotisch anmutende Sumpf-Gladiole *(Gladiolus palustris)*, die Blaugrüne Binse *(Juncus inflexus)*, die Wasser-Minze (Mentha aquatica) und der Gilbweiderich *(Lysimachia vulgaris)*.

Kirschlorbeer und andere exotische Heckenpflanzen wurden durch einheimische ersetzt.

Im Laufe der Projektierung haben sich die Eigentümer entschieden, die Flächen auf der Nordseite ebenfalls mit heimischen Stauden zu bepflanzen. Die Pflanzenkomposition «Merlin» gedeiht in diesem halbschattigen bis schattigen Bereich prächtig.

Die Bepflanzung bietet dem Betrachter vom Frühjahr bis in den Winter immer wieder etwas Neues. Im Frühjahr sind es die ersten Zwiebelpflanzen, die den Garten in einen Blütenteppich verwandeln, im Sommer eine reiche Auswahl an Sträuchern und Stauden, im Herbst sind es die Farben von Gräsern und die verschiedenen Früchte und Blätter mit Herbstfärbung. Im Winter erfreuen einzelne Fruchtstände von abgeblühten Stauden die Herzen der Gartenbesitzer.

Geduld ist alles

Wer sich mit Pflanzen beschäftigt, weiß, dass die Entwicklung einer Pflanze oder einer Pflanzengesellschaft Zeit in Anspruch nimmt, denn die Natur tickt in ganz anderen Zeitdimensionen, als wir uns das vielleicht wünschen würden. Geduld ist also angesagt und ein guter Berater im Umgang mit dem Garten. Dasselbe gilt für Schwimm- und Badeteiche, die durch Pflanzen gereinigt werden. Es wird einige Jahre dauern, bis sich genügend Pflanzenwurzeln entwickelt haben, die für anhaltend klares Wasser sorgen werden. In der Zwischenzeit ist mit Trübungen und Algenblüten zu rechnen. Sie gehören zur Entwicklung eines gesunden Naturgewässers dazu. Auf keinen Fall sollte bei Algenblüten oder Eintrübungen des Wassers umgehend eingegriffen werden. Im Gegenteil, zu häufige und zu heftige Eingriffe stören die Entwicklung der Teichflora. Es verhält sich mit den Pflanzen im Teich ganz ähnlich wie mit einer Hecke aus Sträuchern oder einer Staudenfläche. Auch diese Standorte benötigen einige Jahre, bis sie in voller Pracht erscheinen. Wer sich in den ersten Jahren der Entwicklung – wir sprechen von drei bis vier Jahren – zurückhalten kann, wird belohnt werden. Teiche, die dauernd mit im Handel erhältlichen Mitteln behandelt oder mehr als zweimal im Jahr mit einem Teichsauger gereinigt werden, können kein stabiles und funktionierendes Ökosystem entwickeln. Ein Natur-Badeteich ist aus diesem Grund das ideale Gartenelement für Feierabendgärtner und Garten-Faulenzer, die lieber den Garten genießen wollen, statt viel darin zu arbeiten.

Projektumsetzung in Kurzform

- Ausarbeiten des Gartenkonzeptes mit drei Varianten
- Ausarbeiten des Bauprojekts mit der definitiven Gestaltungsvariante
- Baustelleninstallation (Werkzeuge, Geräte, Maschinen)
- Schützen von vorhandenen Bauteilen, Fassaden, Bodenbelägen
- Pflanzen ausgraben zur Wiederverwendung, Rodungen
- Rückbau von Bodenbelägen und Gartenteich, Entsorgung des anfallenden Materials
- Aushubarbeiten für Badeteich (Arbeiten werden von der Straßenseite her ausgeführt), überschüssiges Material aufladen und abführen
- Stützmauern für Schwimmteich erstellen
- Alle Fundationsschichten für Trockenmauern erstellen
- Trockenmauer aus Sandstein aufbauen und mit Kies hinterfüllen
- Teichfolie anliefern und auslegen, ausrichten und sauber einpassen
- Fundationsschichten für Wege und Plätze erstellen
- Bodenbelag für Terrasse und Sitzplatz aus Sandstein verlegen und Ränder anpassen
- Teichsubstrat aus verschiedenen Kiesmaterialien einfüllen, Teichrand ausbilden und ausgestalten
- Trittsteine im Teich versetzten (LKW mit Kran)
- Sandsteinwand mit Dusche aufbauen, Leitungen für Dusche während dem Aufbau in die Mauer mit einbauen
- Kiesbeläge fertigstellen
- Pflanzflächen vorbereiten: Oberboden verteilen, Kompost einarbeiten
- Pflanzen anliefern, nach Standorten verteilen, einpflanzen, verankern und wässern
- Reinigung der Straße

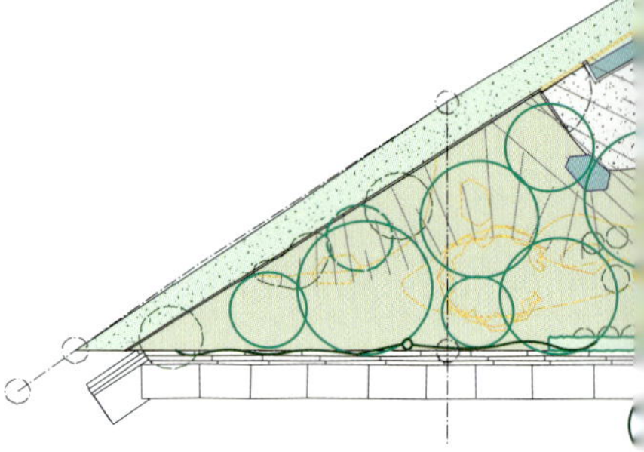

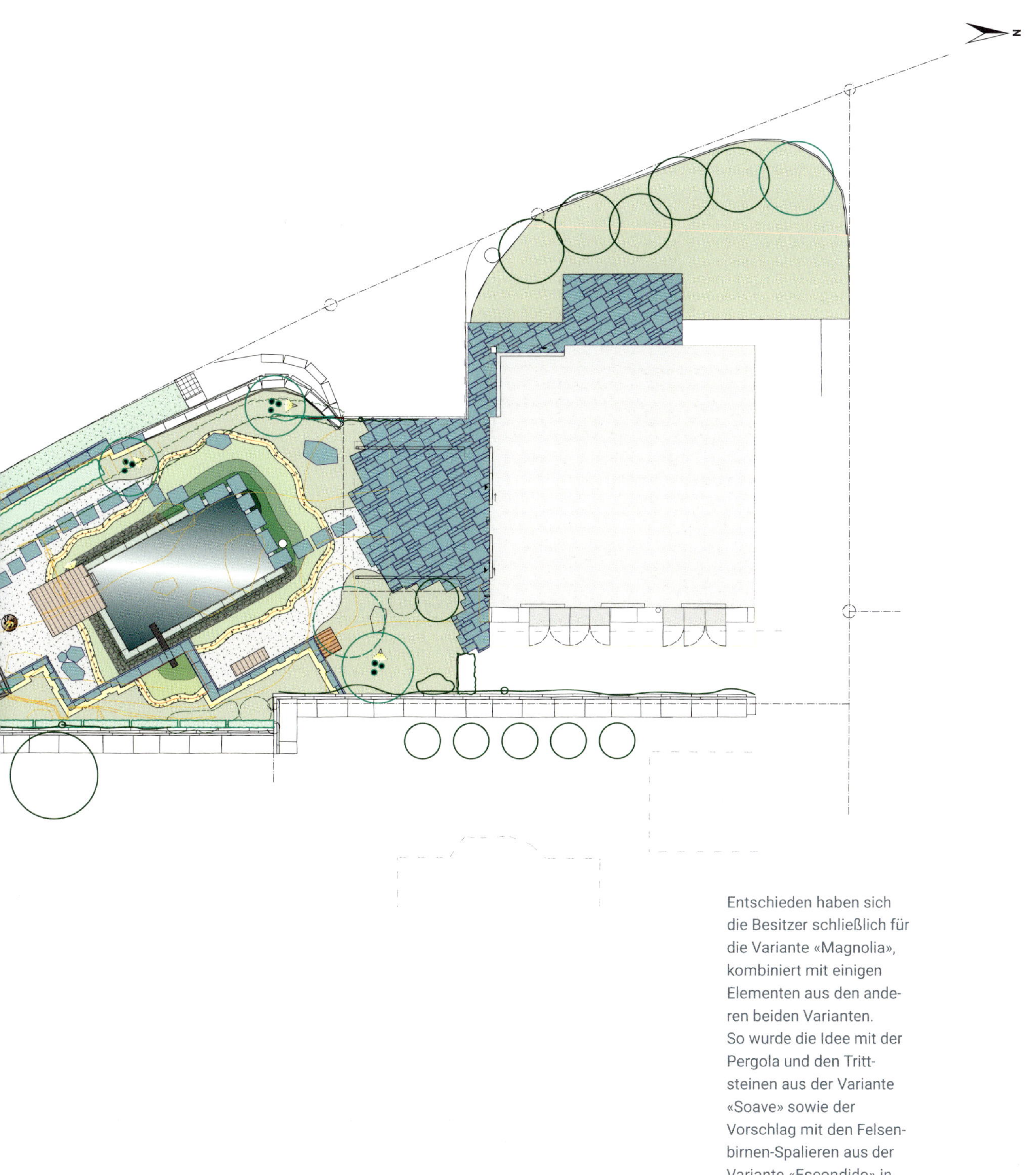

Entschieden haben sich die Besitzer schließlich für die Variante «Magnolia», kombiniert mit einigen Elementen aus den anderen beiden Varianten. So wurde die Idee mit der Pergola und den Trittsteinen aus der Variante «Soave» sowie der Vorschlag mit den Felsenbirnen-Spalieren aus der Variante «Escondido» in das Ausführungsprojekt eingearbeitet.

Pflanzen für Schwimmteiche

Eine Auswahl von Teichpflanzen, die in Schwimmteichen verwendet werden können

Förderlich für die Wasserregeneration	**Tiefe**
Spitzblütige Binse – *Juncus acutiflorus*	0 bis 10 cm
Flatter-Binse – *Juncus effusus*	0 bis 10 cm
Blaugrüne Binse – *Juncus inflexus*	0 bis 20 cm
Froschlöffel – *Alisma plantago-aquatica*	10 bis 20 cm
Sumpf-Knöterich – *Polygonum amphibium*	10 bis 20 cm
Sumpf-Schwertlilie – *Iris pseudacorus*	10 bis 30 cm
Sumpf-Segge – *Carex acutiformis*	10 bis 40 cm
Großer Sumpf-Hahnenfuß – *Ranunculus lingua*	20 bis 30 cm
Zwerg-Rohrkolben – *Typha minima*	20 bis 30 cm
Ästiger Igelkolben – *Sparganium erectum*	20 bis 40 cm
Kalmus – *Acorus calamus*	20 bis 40 cm
Teichbinse – *Schoenoplectus lacustris*	30 bis 60 cm
Tannenwedel – *Hippuris vulgaris*	60 bis 200 cm
Schwimmendes Laichkraut – *Potamogeton natans*	100 bis 200 cm
Große Teichrose – *Nuphar lutea*	100 bis 200 cm
Weiße Seerose – *Nymphaea alba*	100 bis 300 cm
Raues Hornblatt – *Ceratophyllum demersum*	untergetaucht
Ähriges Tausendblatt – *Myriophyllum spicatum*	untergetaucht
Krauses Laichkraut – *Potamogeton crispus*	untergetaucht
Glänzendes Laichkraut – *Potamogeton lucens*	untergetaucht

Pflanzen mit ästhetischem Wert	Tiefe
Abbisskraut – *Succisa pratensis*	0 bis 5 cm
Bach-Nelkenwurz – *Geum rivale*	0 bis 5 cm
Blut-Weiderich – *Lythrum salicaria*	0 bis 5 cm
Echtes Mädesüß – *Filipendula ulmaria*	0 bis 5 cm
Gilbweiderich – *Lysimachia vulgaris*	0 bis 5 cm
Sibirische Schwertlilie – *Iris sibirica*	0 bis 5 cm
Sumpf-Dotterblume – *Caltha palustris*	0 bis 5 cm
Sumpf-Gladiole – *Gladiolus palustris*	0 bis 5 cm
Sumpf-Ziest – *Stachys palustris*	0 bis 5 cm
Wasserdost – *Eupatorium cannabinum*	0 bis 5 cm
Wasser-Minze – *Mentha aquatica*	0 bis 5 cm
Schwanenblume – *Butomus umbellatus*	10 bis 20 cm

Lange Zeit wächst der Wasserdost *(Eupatorium cannabinum)* unbemerkt vor sich hin, bis dann im Hochsommer die rosa Blüten erscheinen.

Der Sumpf-Ziest *(Stachys palustris)* blüht von Juni bis September unermüdlich und zieht sowohl Wildbienen wie auch Schmetterlinge an.

08

Natur-Schwimmteich mit Infinity-Effekt

Der Hauptwunsch dieser Hauseigentümer war ein Natur-Schwimmteich mit einem großen Schwimmbereich. Den Teich, oder zumindest einen Teil davon, soll man vom Wohnzimmer aus sehen können. Zusätzlich wünschte sich das Ehepaar verschiedene lauschige Orte zum Sitzen und Liegen. Eine weitere Anforderung bestand darin, den Sichtschutz auf beiden Seiten entlang der Grundstücksgrenze zu verbessern und damit mehr Privatsphäre zu schaffen.

Die Ausgangslage

Ein außergewöhnliches Grundstück mit einem schönen alten Wohnhaus und einem großen, nach Südwesten ausgerichteten Garten bildet die Ausgangslage für dieses Umgestaltungsprojekt. Es ist eine attraktive und zugleich herausfordernde Aufgabe für einen Gartengestalter, auf einem solchen Anwesen einen neuen Garten mit einem großen Natur-Schwimmteich sowie verschiedenen Sitz- und Aufenthaltsbereichen zu entwerfen, da das Gelände zwar viele Möglichkeiten bietet, aufgrund seiner Lage aber gleichzeitig anspruchsvoll zu gestalten ist. Denn das Gelände fällt nach Südwesten hin ab und wird am Ende sogar richtig steil. Vor allem der Wunsch der Eigentümer, den Teich auch vom Wohnzimmer aus sehen und den Anblick damit auch in der kälteren Jahreszeit genießen zu können, erfordert einiges an Planung und ein überaus genaues Einpassen der Wasserfläche im Gelände. Der Wunsch nach einem besseren Sichtschutz entlang der Grundstückgrenzen ist hingegen leicht zu erfüllen.

Das Konzept

Obwohl das Grundstück sehr groß ist, sind die Möglichkeiten, den Schwimmteich zu platzieren, beschränkt. Damit die Wasserfläche in diesem abfallenden Gelände gut eingebettet werden kann, muss das Grundstück zumindest im oberen Bereich terrassiert werden. Auf der unteren der beiden Ebenen findet sich dann ein idealer Platz für den Naturbadeteich. Nach Südwesten hin rundet eine Trockenmauer den Wasserbereich ab. Diese Mauer ist als Kreissegment angelegt, damit sie seitlich jeweils wieder im Gelände verschwindet und so nicht zu sehr ins Auge fällt. Da das Ende des Schwimmteiches direkt vor der Mauer liegt, entsteht ein Endlos-Effekt, der einem beim Schwimmen den vollen Blick in die Landschaft genießen lässt. Im unteren Gartenteil entsteht ein Naturparadies mit verschiedenen Gehölzen, einer Wildhecke aus heimischen Sträuchern und einer bald erblühenden Blumenwiese. Geschickt verteilte Sitzplätze ermöglichen es, den neuen Garten aus unterschiedlichen Perspektiven zu entdecken.

1 Sitzplatz mit Sandsteinplatten und Felsenbirne als Schattenspender
2 «Sommernachtstraum» – klassisches Bauerngartenbeet mit Pfingstrose, Sommer-Phlox, Schafgarbe, Narzissen u. a.
3 Stützmauer aus Recyclingmaterial
4 «Mirabellen-Platz» – Sitzplatz mit Holzschnitzel und Mirabelle (bestehend) als Schattenspender
5 Ohr-Weide
6 Holzdeck
7 Naturbadeteich
8 Regenerationszone
9 Trockenmauer aus Recyclingmaterial
10 Reif-Weide
11 Kiesplatz
12 Stützmauer
13 Gewächshaus
14 Naschgarten
15 Sitzplatz mit Rundkiesbelag
16 «Rotkäppchen» – Wildhecke, Strauchkomposition mit roten Früchten und Herbstfärbung
17 «Sayonara» – Hecke oder Gehölzgruppe mit einzelnen Zierkirschen als Blickfang im Frühjahr und Herbst
18 Apfelbäume (bestehend)
19 Obstbaum
20 Blumenwiese (bestehend)
21 «Rumpelstilzchen» – Hecke mit Bibernell-Rosen, Färber-Ginster, Felsenbirne etc.
22 Esche (bestehend)
23 Asthaufen, als Unterschlupf für Tiere
24 Mammutbaum
25 «König Drosselbart» – artenreiche Vogelschutzhecke mit Schneeball, Kreuzdorn, Wildrosen, Wildapfel u. a.
26 Apfelbaum (bestehend)
27 «Purpurhain» – Wildstaudenarrangement mit Purpurnem Weidenröschen, Fingerhut, Färberscharte u. a.

Hier ist das nach Südwesten abfallende Gelände gut sichtbar. Nach unten hin wird der Hang immer steiler. Es bietet sich daher an, den Schwimmteich im oberen, etwas flacheren Bereich zu platzieren.

Mit Trockenmauern aus Recyclingmaterial wird das Grundstück terrassiert, sodass im Garten die gewünschten zwei Ebenen entstehen.

Den Garten aus unterschiedlichen Perspektiven erleben

Dem Wunsch nach verschiedenen Plätzen kann in diesem Garten problemlos entsprochen werden, weil eine große Fläche zur Verfügung steht. Das Anlegen verschiedener Orte führt auch zu einem Perspektivenwechsel; bietet doch jeder Platz eine neue Sicht auf den Garten. Oftmals ist es spannender und auch wesentlich schöner, den eigenen Garten zu betrachten, als sich in die Umgebung zu orientieren. Besonders, wenn die Umgebung aus teilweise unschönen Bauten, Straßen oder Parkplätzen besteht. In diesem Fall wollen wir den Blick nach Südwesten in die offene Landschaft freihalten, jedoch nach Norden und Westen einen Sichtschutz haben, respektive die Sitzplätze so anlegen, dass wir uns in diesen Bereichen in den eigenen Garten orientieren.

Direkt am Haus erneuern wir den großzügigen Sitzplatz und legen diesen mit Sandsteinplatten aus. in diesem Bereich lag früher ein Holzdeck, welches in die Jahre gekommen ist. Dieser Platz ist ganz nach Südwesten ausgerichtet und bietet einen wundervollen Blick in die Landschaft. Auf der unteren Ebene, direkt am Teich, richten wir einen Liegeplatz ein; eine Terrasse aus Lärchenholz dient als Unterlage. Der Liegeplatz liegt direkt in der Sonne und wird bewusst nur temporär mit einem Sonnenschirm beschattet. Das Holzdeck wird auch im Sommer nicht zu heiß und kann barfuß gut betreten werden. Der Blick ist auf den Teich fokussiert. Hier kann man sich zurückziehen, ohne Einblicke von außen zu befürchten. Nach Süden hin gestalten wir einen großzügigen Kiesplatz, der später von einem großen Strauch oder Baum beschattet wird. Dieser Sommersitzplatz mitten im Garten ist an heißen Tagen die Alternative zum Sitzplatz am Haus. Hier kann man sich unter einem schirmförmig geschnittenen Baum aufhalten und im Schatten essen und trinken. Durch die Lage mitten im Grün und direkt am Teich entsteht ein lauschiger und gemütlicher Ort mit viel Privatsphäre. Nach Südwesten blickt man in die Landschaft und nach Norden hin liegt der Schwimmteich mit dem Pflanzenteil. Hier sitzt man sozusagen mitten im Schilfgürtel des Teiches.

Im Laufe der Planung entscheiden sich die Grundstücksbesitzer dazu, ein Gewächshaus einzufügen. Es wird auf der Ebene zwischen Haus und Schwimmteich platziert. Im Sommer wird im Glashaus Gemüse angebaut, in den Übergangszeiten dient es als geschützter Sitzplatz.

Der Teich soll vom Wohnzimmer aus noch zu sehen sein, wünschten sich die Hausbesitzer. Aus diesem Grund wurde der Schwimmbereich nach Südwesten ausgerichtet.

Der Liegeplatz direkt am Teich hat ein Holzdeck als Bodenbelag. Von hier aus gelangt man über die Schwimmbadleiter aus Eichenholz direkt in den Badebereich.

Gegenüber dem Liegeplatz befindet sich ein einfacher Kiesplatz, der im Hochsommer zum Essen am Gartenteich einlädt.

Zum Naschgarten hin gibt es einen Brunnen, der mit Regenwasser gespiesen wird. Das Gewächshaus ist im Sommer Pflanzgarten für Gemüse, in den Übergangszeiten ein überdachter Sitzplatz.

Diese «Dschungeldusche» direkt am Badeteich wird bald von Kletterpflanzen umwachsen sein und in der restlichen Begrünung optisch verschwinden.

Verwendete Materialien

- Trockenmauern aus Recyclingmaterialien (Beton, Naturstein, Klinker)
- Bodenplatten aus Rorschacher Sandstein, Oberflächen geflammt, schottischer Verband
- SCHALIT Schalungssteine aus Beton für die Mauer um den Teich
- Armierungsstahl für die Schalungssteinmauer
- Beton BN P300/15er Betonkies
- Holzdeck aus CH-Lärche
- Schwimmbadleiter aus CH-Eichenholz
- Kiesmaterialien: Sand gewaschen 0–4 mm, Wandkies 1. Klasse, Straßenkies gebrochen 0–15 mm, Rundkies 4–8 mm, Betonkies 0–30 mm aus der Region
- Teichfolie aus EPDM (Ethylen-Propylen-Dien-Kautschuk), hergestellt in Deutschland
- Dschungeldusche aus Armierungsstahl, rostend (mygarden.ch)
- Kompost aus regionaler Kompostierungsanlage

Die Bepflanzung

Die bestehenden alten Obstbäume, ein Heckensegment und einzelne Strauchrosen haben wir, soweit möglich, erhalten und in das Pflanzenkonzept miteinbezogen. Wie von den Hausbesitzern gewünscht, wurde vor allem an der Nord- und Südgrenze der Sichtschutz verstärkt. Mit verschiedenen Heckensträuchern und Wildrosen wächst hier ein zukünftiges Vogelparadies heran. Schwarzer Holunder *(Sambucus nigra)*, Schwarzdorn *(Prunus spinosa)*, Haselstrauch *(Corylus avellana)*, Liguster *(Ligustrum vulgare)*, Wildapfel *(Malus sylvestris)* und Kreuzdorn *(Rhamnus cathartica)* wachsen zusammen mit Hunds-, Wein- und Zimt-Rose *(Rosa canina, R. rubiginosa, R. majalis)* zu einer dichten Hecke zusammen. Um einen besonderen Frühlings- und Herbstaspekt zu erhalten, wurden die heimischen Sträucher mit Schnee- und Frühlingskirschen (*Prunus subhirtella* 'Autumnalis', *P. subhirtella* 'Hally Jolivette') ergänzt. Beide blühen sehr früh im Jahr und leuchten im Herbst mit gelbroten Blättern. Damit der Sichtschutz in gewissen Bereichen schon sofort funktioniert, wurden einzelne, großgewachsene Solitärsträucher verwendet. Dort, wo die Pflanzung Zeit hat, sich zu entwickeln, haben wir mit jungen Pflanzen aus einer regionalen Forstbaumschule gearbeitet. In den Sektoren mit den Jungpflanzen sind viele Pflanzenarten mit Dornen – wie Wildrosen, Schwarzdorn oder Kreuzdorn – in die Hecke integriert. Sie werden später heckenbrütenden Vogelarten einen optimalen Schutz bieten.
Zwischen dem großen Sitzplatz am Haus und dem Naturbadeteich sorgen verschiedene Stauden und Gräser über die ganze Vegetationszeit hinweg für attraktive Blüten oder Samenstände. Um die Blütezeit zu verlängern, haben wir in diesem Bereich Zier- und Wildstauden vereint. Im Frühjahr blühen verschiedene Wildtulpenarten,

Entlang der Grundstücksgrenze wurden neue Hecken und Strauchgruppen mit mehrheitlich einheimischen Sträuchern gepflanzt. Sie dienen als Sichtschutz und sind Lebensraum für viele Tiere.

Die bestehenden Heckensegmente und Einzelsträucher im untersten Gartenteil wurden mit dornigen Sträuchern ergänzt. Eine Wiese, die zweimal jährlich gemäht wird, bedeckt die Fläche um die Wildhecken.

gefolgt von Dichter-Narzissen (*Narcissus poeticus* 'Actaea') und den Blütenköpfen von Purpur-Kugellauch *(Allium aflatunense)*. Im Sommer erfreut neben Weißem Diptam *(Dictamnus albus)* und Echtem Eibisch *(Althaea officinalis)* auch der Hohe Stauden-Phlox *(Phlox paniculata)* das Auge. Im Spätsommer gesellen sich Gelber Sonnenhut *(Rudbeckia fulgida)*, Purpur-Eisenhut *(Echinacea purpurea)* und später auch Berg- und Raublatt-Astern *(Aster amellus, A. novae-angliae)* dazu. Im Winter sind es schließlich die Samenstände von verschiedenen Stauden und Sandrohr (*Calamagrostis × acutiflora*), die den Garten in verschiedenen Gold- und Brauntönen erstrahlen lassen.

Hinter dem Schwimmteich nach Norden entwickeln sich das Schmalblättrige Weidenröschen *(Epilobium angustifolium)*, der Blut-Weiderich *(Lythrum salicaria)*, die Wilde Malve *(Malva sylvestris)* sowie der Wasserdost *(Eupatorium cannabinum)* und sorgen im Sommer für eine eindrückliche Blütenpracht. Außerdem ist dieser Bereich ein Paradies für Insekten und im Winter für Vögel, die sich Samen aus den abgeblühten Stauden herauspicken.

Die Ränder der Kieswege und Plätze sind mit heimischen Stauden bepflanzt. «Tausendschön» haben wir diese Kombination von Sonnenanbetern getauft. Die Blühzeit beginnt im Frühling mit Felsen-Tulpe *(Tulipa saxatilis)* und Küchenschelle *(Pulsatilla vulgaris)*, gefolgt von Kleiner Traubenhyazinthe *(Muscari botryoides)* und Färber-Waid *(Isatis tinctoria)*. Dann folgen Schopfiger Hufeisenklee *(Hippocrepis comosa)*, Moschus-Malve *(Malva moschata)*, Nickendes Leimkraut *(Silene nutans)* und Wegwarte *(Cichorium intybus)*, deren Blüten den Betrachter den ganzen Sommer über erfreuen. Später erscheinen die Blüten von Rosmarin-Weidenröschen *(Epilobium dodonaei)*, Gelber Reseda *(Reseda lutea)* und schließlich der Berg-Aster *(Aster amellus)*.

Auf der Ebene zwischen dem Sitzplatz am Haus und dem Schwimmteich liegt ein Staudenbeet. Hier wächst und blüht ein «Sommernachtstraum»: eine Pflanzenkomposition mit Wild- und Zierstauden sowie einzelnen Strauchrosen.

Die Ränder von Kieswegen und Plätzen sind mit der Komposition «Tausendschön» bepflanzt, einer Auswahl von trockenheitsliebenden Wildpflanzen und Kräutern.

Pflanzendivas

Mit großgewachsenen Solitärgehölzen kauft man Zeit, die eine Pflanze im Garten benötigen würde, um auf diese Größe anzuwachsen. Bei diesen Einzelstücken hat das die Baumschule übernommen und die Gehölze sind bereits bis zu einer ansehnlichen Größe gezogen. Das hat den Vorteil, sofort einen Sichtschutz zu erreichen oder auf einem Sitzplatz direkt Schatten zu erzeugen. Im Gegensatz zu Jungpflanzen sind Solitäre allerdings einiges aufwendiger in Handhabung und Pflege.

Zum einen müssen die Pflanzen aus einer Baumschule stammen, die sich auf das Anziehen dieser Solitäre spezialisiert hat und eine gute Qualität liefern kann. Es ist wichtig, dass der Transport im gedeckten Wagen und mit großer Sorgfalt erfolgt und dass die Gehölze vor Ort mit Umsicht gepflanzt und gut eingeschwemmt werden. Bäume und Sträucher, die außerdem dem Wind ausgesetzt sind, müssen mit Pfählen, Drahtseilen oder Bodenankern befestigt und vor Stürmen geschützt werden. Die Gartenbesitzer müssen über die Pflege in den ersten zwei Jahren informiert werden. Dazu gehört vor allem das richtige und regelmäßige Wässern der Ballen. In den ersten beiden Vegetationsperioden ist es bei Trockenheit notwendig, zweimal pro Woche intensiv zu bewässern. Im dritten und vierten Jahr nach der Pflanzung benötigen die Gewächse bei großer Trockenheit regelmäßig Wasser. Im Gegensatz dazu muss eine Jungpflanze nur im ersten Jahr intensiv gewässert werden. Hat man das gut gemacht, ist der Strauch oder Baum angewachsen und braucht nur bei großer Trockenheit weitere Wassergaben. Zieht man nach fünf Jahren Bilanz, wird man feststellen, dass die Jungpflanzen mittlerweile fast genauso groß sind wie die Solitäre, die im schlechtesten Fall erst nach dieser Zeit wieder richtig zu treiben beginnen.

Solitärgehölze wie diese Echte Mispel *(Mespilus germanica)* ermöglichen es, den gewünschten Effekt sofort zu erhalten, wie etwa die Beschattung eines Sitzplatzes oder ein besserer Sichtschutz. Im Unterschied zu Jungpflanzen benötigen sie aber einiges mehr an Pflege.

Anlegen von Natur-Schwimmteichen

Natur-Badeteiche liegen im Trend, weil sie nicht nur Badevergnügen bereiten, sondern auch wichtiger Lebensraum für Pflanzen und Tiere sind. Außerdem fühlt es sich einfach toll an, in naturreinem Wasser zu baden!

10 Tipps für unbeschwertes Badevergnügen

1 Die Pflanzfläche, auch Regenerationszone genannt, muss mindestens genauso groß sein wie die Schwimmfläche. Beispiel: ein Schwimmbereich von 6 m × 4 m benötigt eine Pflanzfläche von mindestens 24 m^2.

2 Schwimmteiche sind stehende Gewässer und sollten nicht mit Fließgewässern wie einem Bachlauf kombiniert werden.

3 Der Schwimmbereich sollte in einem Bereich mindestens 180 cm tief gebaut sein.

4 Als Substrat in den Pflanzflächen sollten nährstoffarme Kies- und Sandmaterialien verwendet werden.

5 Die Dicke der Substratschicht beträgt mindestens 25 cm.

6 Für den Teich eine dunkle Folie verwenden. Die dunkle Farbe gibt dem Teich eine natürliche Farbe. Außerdem sind Schwebeteilchen und Ablagerungen so weniger gut sichtbar.

7 Für Natur-Schwimmteiche werden ausschließlich heimische Pflanzen verwendet. Die Pflanzung erfolgt in drei Abstufungen: Unterwasser- und Schwimmblattzone mindestens 1 m tief (z. B. *Potamogeton nutans, Nuphar lutea, Nymphaea alba*), Röhrichtzone 20–40 cm tief (z. B. *Typha minima, Acorus calamus, Sparganium erectum*) und Sumpfzone 0–20 cm tief (z. B. *Iris pseudacorus, Juncus effusus, Butomus umbellatus*).

8 Nach dem Auffüllen des Teiches ergibt sich eine natürliche Trübung durch aufgewirbelten Staub und Feinanteile im Kies. Nach einigen Tagen hat sich diese «Staubschicht» am Boden und auf den Steinen abgesetzt und der Teich wird klar.

9 Schwimmteiche sollten maximal zweimal im Jahr gereinigt werden (im Winter und im Frühsommer). In der restlichen Zeit bleibt die Wasserreinigung den natürlichen Prozessen im Gewässer überlassen.

10 Wasser- und Sumpfpflanzen bleiben über den Winter vollständig stehen und werden im Herbst nicht abgeschnitten. Das ist wichtig für den Gasaustausch bei einer Eisdecke. Außerdem sehen diese Pflanzen auch im Winter sehr schön aus und viele Tiere freuen sich über ein Winterquartier oder Nahrung.

Seerosen (*Nymphaea*-Arten) dürfen im Schwimmteich nicht fehlen. Neben ihren einzigartigen Blüten sorgen sie mit ihrem riesigen Wurzelgeflecht auch für klares Wasser.

Libellen gehören zum Lebensraum Wasser wie kein anderes Insekt. Sie sind meist schon da, bevor das Wasser im Teich ganz eingelassen ist.

09

Privatsphäre und Geborgenheit auf kleinstem Raum

Beim verdichteten Bauen wird zwar erwiesenermaßen weniger Land verbaut, doch nehmen damit auch die zur Verfügung stehenden Grünflächen ab. Diese kleinen Flächen sind nicht immer leicht zu gestalten und unbelebte, immergrüne Hecken und getrimmte Rasenflächen prägen das Bild. Dabei bedürfte es, wie dieses Beispiel zeigt, nur weniger Maßnahmen, um solche Reihenhausgärten naturnäher und lebendiger zu gestalten.

Die Ausgangslage

Ich kann mich noch gut an das erste Gespräch mit den Hausbesitzern dieses einfachen Reihenhauses erinnern. Sie waren sehr unglücklich mit dem Garten, fühlten sich darin weder wohl noch geborgen. Kein Wunder, existierte doch überhaupt keine Ecke, die lauschig genug war, um sich zurückziehen zu können. Ganz zu schweigen von der Bepflanzung, die bis auf einen schmalen Pflanzstreifen im Wohngarten vor allem aus eintönigen Rasenflächen sowie einer leblosen Thujahecke als Sichtschutz zum Nachbarn bestand. Hier musste etwas geschehen, damit sich diese unbefriedigende Situation in Zukunft ändert und die Familie ihren Wunschgarten genießen kann: Ein kleines Refugium sollte entstehen, mit verschiedenen Ecken, Nischen und Plätzen, die beim Aufenthalt im Garten für Entspannung und gleichzeitig für Abwechslung sorgen, mit einer kleinen Wasserfläche sowie einer vielfältigen und lebendigen Bepflanzung, die auch Nahrung und Lebensraum für zahlreiche Tiere bietet.

Das Konzept

Auch für diesen Garten haben wir zwei Gestaltungsvarianten entwickelt. In der ersten Variante wird der Eingangsbereich kurzerhand in einen Schattensitzplatz umgewandelt. Durch den schmalen Streifen auf der Nordseite führt ein Kiesweg, der von Schattenstauden flankiert wird. Beim Wohngarten im Südwesten bleibt der Sitzplatz bestehen, nur die Ränder werden etwas ausgefranst, sodass ein fließender Übergang zur Kiesfläche entsteht, welche die bisherige Rasenfläche ersetzt. Ein großzügiges Wasserbecken mit Speier und Trittsteinen ist direkt vor dem Sitzplatz vorgesehen. Verschiedene Stauden und Kletterpflanzen sorgen auf allen Seiten für Sichtschutz und mehr Gemütlichkeit. Die zweite Variante stellt eine kostengünstigere Alternative zur ersten dar. Es ist eine rein pflanzliche Umgestaltung mit wenig baulichen Maßnahmen. Der Vorgarten und der Streifen auf der Nordseite werden ausschließlich bepflanzt, im Wohngarten bleibt die Rasenfläche größtenteils bestehen. Als Wasserelement ist in diesem Fall ein kleiner Brunnen geplant.

Die Gartenbesitzer haben sich letztendlich für die erste Variante entschieden, mit der Anpassung, dass das Wasserbecken etwas kleiner gebaut wird und statt vor dem Sitzplatz an der Grenze zum Nachbarn auf der Südseite platziert wird. Zudem sollte eine kleine Rasenfläche erhalten bleiben.

Variante 1

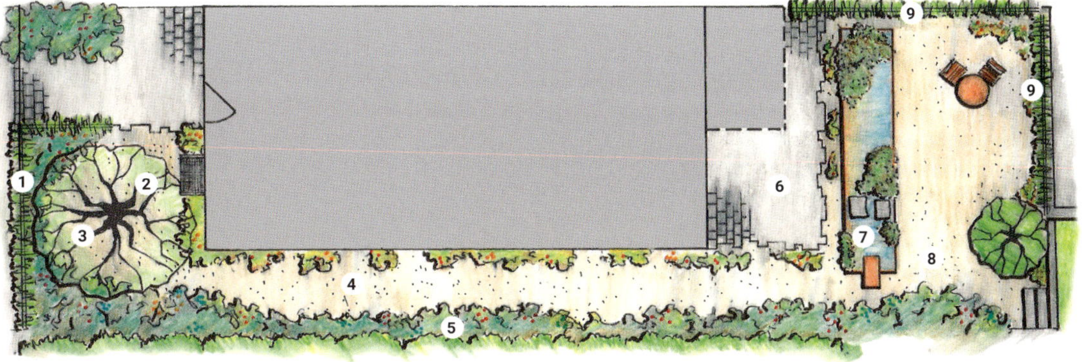

Variante 2

Variante 1

1 Klettergerüst, bepflanzt
2 Kleinkroniger Baum
3 Morgensitzplatz «Tausendschön»: Rundkiesbelag, Ränder bewachsen mit blühenden Ruderalpflanzen
4 Rundkiesbelag
5 «Räuber Hotzenplotz»: Auslese von üppigen Waldstauden, geheimnisvollen Farnen und kräftigen Gräsern
6 Sitzplatz (bestehend), Ränder fließend
7 Wasserbecken, bepflanzt, mit Speier und Trittsteinen
8 «Tausendschön»: Rundkiesbelag, Ränder bewachsen mit Kräutern, Wildstauden, Wildtulpen u. a.
9 Klettergerüst (bestehend), bepflanzt

Variante 2

1 «Räuber Hotzenplotz»: Auslese von üppigen Waldstauden, geheimnisvollen Farnen und kräftigen Gräsern
2 «Sandmännchen»: trockener Schattengarten entlang der Fassade mit Mondviole, Schöllkraut u. a.
3 Zugangsweg mit Schrittplatten
4 «Tausendschön»: Rundkiesbelag, Ränder bewachsen mit Kräutern, Wildstauden, Wildtulpen u. a.
5 Sitzplatz (bestehend), Ränder ausgefranst
6 Wiesenplatz mit Sitzbank
7 Staudenbeet mit Blütensträuchern
8 Klettergerüst (bestehend), bepflanzt
9 Wasserspiel

Kaum wiederzuerkennen: Aus dem langweiligen Vorgarten ist ein lauschiger Sitzplatz geworden.

Ein Vorgarten zum Verweilen

Der Vorgarten wurde bisher überhaupt nicht benutzt. Nach der Umgestaltung ist aus der kleinen, gerade mal 25 m² großen Fläche ein lauschiger Sitzplatzbereich entstanden, der im Sommer eine wunderbare Alternative zum südlichen Gartenteil bietet, wo es rasch zu heiß werden kann, um sich dort länger aufhalten zu können.

Um in diesem Gartenteil einen Sichtschutz zu erhalten, haben wir um den gesamten Bereich ein einfaches Rankgerüst aus Metallpfosten aufgestellt, das mit einem Armierungsnetz bespannt wurde. In das Netz wurden Weidenruten eingeflochten, damit der Sichtschutz schon ab sofort wirksam ist. Später werden verschiedene Kletterpflanzen wie Wilder Wein *(Parthenocissus quinquefolia)*, Waldrebe *(Clematis vitalba)* und Fingerblättrige Akebie *(Akebia quinata)* das Gerüst vollständig überwachsen haben. Der Rasen wird vollständig abgeschält und durch einen Kiesbelag ersetzt, der um einiges pflegeleichter ist und viel schneller wieder trocknet, sodass der Platz auch nach einem Regentag rasch wieder benutzt werden kann. Inmitten des Platzes wächst nun eine Kupfer-Felsenbirne *(Amelanchier lamarckii)*, die sich in den nächsten Jahren zu einem prächtigen Schattenspender entwickeln wird. Im Kies wachsen zudem Stinkende Nieswurz *(Helleborus foetidus)*, Nesselblättrige Glockenblume *(Campanula trachelium)*, Knoblauchhederich *(Alliaria petiolata)* und Ruprechtskraut *(Geranium robertianum)* und verleihen dem neuen Vorgarten ein wildromantisches Flair.

Die Flechtwand sorgt für Privatsphäre und Geborgenheit, der kleinkronige Baum für kühlenden Schatten im Sommer.

Damit der Sichtschutz ab sofort wirksam ist, wurden Weidenruten in das Armierungsnetz eingeflochten. Die Weiden halten etwa fünf Jahre, genau die Zeit, die es maximal braucht, bis die Kletterpflanzen alles überwachsen haben.

Ein lebendiger Gehweg

Wege entlang von Fassaden sind gut dazu geeignet, kleine Naturparadiese mit verschiedenen Wildstauden oder Kräutern entstehen zu lassen. Ideal, wenn sie auf der Süd- oder Westseite verlaufen, was in unserem Beispiel aber nicht der Fall ist: Der Gehweg liegt hier auf der Nordseite. Doch auch solche Standorte lassen sich begrünen und können zu Lebensräumen für Tiere werden. Entlang des Kiesweges, der die ehemals triste Rasenfläche ersetzt, wächst nun eine Kombination aus Nesselblättriger Glockenblume *(Campanula trachelium)*, Scharbockskraut *(Ranunculus ficaria)*, Zweiblättriger Schattenblume *(Maianthemum bifolium)*, Echtem Wurmfarn *(Dryopteris filix-mas)*, Nickendem Perlgras *(Melica nutans)* und Wald-Witwenblume *(Knautia dipsacifolia)*. Nachdem der Nachbar eingewilligt hatte, die Thujahecke zu entfernen, wurde dort der Sichtschutzzaun aus dem Vorgarten weitergezogen und mit Kletterpflanzen begrünt.

Verwendete Materialien

- Stahlrohre und Armierungsnetze aus Rohstahl (rostend)
- Stahlrahmen aus Winkeleisen (rostend)
- Spaltholz (gemischt), aus der Region
- Wasserbecken aus Rohstahl (CH-Produktion)
- Gartenleuchten «PEDRO» aus Rohstahl (mygarden.ch)
- Sitzbank aus CH-Eichenholz (Produktion im Thurgau)
- Kiesmaterialien: Wandkies 1. Klasse, Straßenkies gebrochen 0–15 mm, Rundkies 4–8 mm aus der Region
- Großformatige Betonplatte, in einem Betonwerk in der Region auf Maß gefertigt
- Oberboden und Kompost aus der Region

Durch den schmalen Streifen auf der Nordseite führt jetzt ein Kiesweg, der von Schatten- und Kiesstauden gesäumt wird.

Die Thujahecke wurde entfernt und durch einen Rankzaun, der in diesem Bereich mit Efeu bewachsen ist, ersetzt.

Ein vielfältiger Wohngarten

Vor der Umgestaltung haben sich die Hausbesitzer kaum im Wohngarten aufgehalten. Es fehlte an Geborgenheit und Ambiente. Nach dem Umbau ist aus dem eintönigen Flecken Erde ein Garten mit lauschigen Nischen und einer lebendigen, farbigen Bepflanzung geworden.

Der Sitzplatz aus Betonsteinen blieb aus Kostengründen bestehen. Einzig an den Rändern wurden einzelne Steine entfernt und so ein fließender Übergang zur Kiesfläche geschaffen, welche die ehemalige Rasenfläche weitgehend ersetzt. Entlang der heißen und trockenen Fassade herrschen beste klimatische Bedingungen für Küchenkräuter und verschiedene einheimische Trockenstandortpflanzen. An der ehemals leblosen Ecke wachsen nun Thymian, Bohnenkraut und Rosmarin sowie Kartäuser-Nelke *(Dianthus carthusianorum)*, Natternkopf *(Echium vulgare)*, Küchenschelle *(Pulsatilla vulgaris)* und Rosmarin-Weidenröschen *(Epilobium dodonaei)*.

Der Wunsch nach mehr Sichtschutz wurde auf der Südseite mit einer Spaltholzwand erfüllt. Davor ist ein kleines Wasserbecken im Boden eingelassen. Die Wasserpflanzen sorgen dafür, dass das kleine Gewässer klar bleibt. Die unansehnliche Betonwand im Osten wird mit Kletterrosen und verschiedenen Sträuchern abgedeckt, die leblose Thujahecke im nördlichen Teil wird durch ein Rankgerüst ersetzt, das schon bald mit Schlingrosen überwachsen sein wird.

Die Betonmauer ist kaum noch zu sehen. Die räumliche Aufteilung des Gartens und die neue Bepflanzung lassen die unschöne Wand in den Hintergrund treten.

Im nördlichen Gartenteil ersetzt eine Schlingrose die ehemalige, leblose und sterile Thujahecke.

Für einen besseren Sichtschutz zum Grundstück auf der Südseite sorgt eine Spaltholzwand. Davor haben wir ein kleines Wasserbecken in den Boden eingelassen.

Entlang der heißen und trockenen Fassade auf der Südseite wachsen neben heimischen Trockenstandortpflanzen wie Kartäuser-Nelke *(Dianthus carthusianorum)*, Natternkopf *(Echium vulgare)* und Küchenschelle *(Pulsatilla vulgaris)* auch einige Küchenkräuter.

Aus der Einöde ist ein lebendiger Wohlfühlgarten geworden. Heimische Pflanzen und die Pflege ohne Pestizide machen den kleinen Flecken zu einem Lebensraum für viele Tiere und damit zu einem Beitrag zur Erhaltung der Biodiversität.

Im Kleinen ganz groß

Als Gartengestalter sehe ich den Garten schon beim Entwurf auf dem Papier vor mir. Ohne dieses räumliche Vorstellungsvermögen wäre es vermutlich viel schwieriger, gute Gartenkonzepte zu entwickeln. Trotzdem ist es immer wieder spannend zu sehen, wie aus den Gedanken, die zu Papier gebracht wurden, ein realer Garten entsteht. Dabei spielt es keine Rolle, wie groß die Gartenfläche ist, sondern was damit passiert. So wurde im vorliegenden Fall zum Beispiel aus einem sterilen Flecken Erde ein lebendiger, vielfältiger Wohlfühlgarten, in dem sich die Gartenbesitzer seit der Umgestaltung viel öfter aufhalten. Sie genießen es, an der frischen Luft die schwirrenden Insekten zu beobachten, den tanzenden Schmetterlingen und den vielen Vögeln zuzuschauen, sich ganz einfach zurückzulehnen und als Teil der Natur zu erleben. Leider gibt es in meinen Augen immer noch viel zu viele dieser langweiligen, schmalen Reihenhausgärten, die mit wenigen Maßnahmen in einem anderen Licht erstrahlen könnten. Mit heimischen Pflanzen begrünt, könnten sie zudem zu Trittsteinen in der Landschaft werden und damit einen wichtigen Beitrag zur Erhaltung der Biodiversität leisten.

Giftige Heckenpflanzen

Viele Pflanzenarten, die häufig in Gärten verwendet werden, enthalten Giftstoffe. Bei vielen davon müsste man große Mengen konsumieren, bis es gefährlich wird, sodass es übertrieben wäre, diese Pflanzen aus dem Garten zu verbannen. Es existieren aber auch Heckenpflanzen, bei denen Vorsicht geboten ist, insbesondere dann, wenn in einem Garten Kinder spielen sollen.

Abend- und Morgenländischer Lebensbaum – *Thuja occidentalis* und *Thuja orientalis*
Als immergrüne Heckenpflanze weit verbreitet. Der Abendländische Lebensbaum stammt ursprünglich aus Nordamerika, der Morgenländische aus Nordchina.
Giftige Pflanzenteile: Zweigspitzen, Zapfen, Holz
Vergiftungserscheinungen: Hautreizungen, Ekzeme, Übelkeit, Blutungen, Krämpfe, Durchfall, Wasserstauungen in den Beinen, Leber- und Nierenschädigung, Lähmungen des Zentralnervensystems
Gefährlichkeit: sehr stark giftig

Buchsbaum – *Buxus sempervirens*
Immergrüner, einheimischer Strauch, der früher oft für Hecken oder als Formgehölz verwendet wurde
Giftige Pflanzenteile: Blätter und Früchte
Vergiftungserscheinungen: zunächst erregend, dann lähmend und blutdrucksenkend, Übelkeit, Erbrechen, Schwindel, Durchfall, Kollaps, Atemlähmung
Gefährlichkeit: stark giftig

Eibe – *Taxus baccata*
In vielen Gärten als Hecke gepflanzt, einheimisch
Giftige Pflanzenteile: alle Pflanzenteile, ausgenommen der rote Samenmantel
Vergiftungserscheinungen: Erbrechen, heftige Bauchschmerzen, Diarrhöen, Puls und Atmung beschleunigt, Kreislaufversagen und Atemlähmung
Gefährlichkeit: stark giftig (tödliche Dosis für den Menschen: 50 bis 100 g Blätter)

Kirschlorbeer – *Prunus laurocerasus*
In ganz Europa als immergrüne Heckenpflanze weit verbreitet. Kommt ursprünglich aus Kleinasien, Südbalkan.
Giftige Pflanzenteile: alle Pflanzenteile, besonders Samen und Blätter
Vergiftungserscheinungen: Bauchschmerzen, Übelkeit, Brechreiz, rotes Gesicht, verminderte Atmung, Kopfschmerzen, Atemstillstand, Herzstillstand
Gefährlichkeit: stark giftig

Oleander, Rosenlorbeer – *Nerium oleander*
In vielen Gärten oder auf Terrassen als Zierpflanze im Topf gezogen. Stammt aus dem Mittelmeergebiet.
Giftige Pflanzenteile: alle Pflanzenteile
Vergiftungserscheinungen: Übelkeit, Erbrechen, Krämpfe, Herzrhythmusstörungen, Atemlähmung, verlangsamter Puls, Atemnot
Gefährlichkeit: stark giftig

Japanische Goldorange – *Aucuba japonica*
In vielen Gärten als Zierstrauch gepflanzt. Kommt aus Japan, Korea, Formosa.
Giftige Pflanzenteile: alle Pflanzenteile, besonders die oberirdischen
Vergiftungserscheinungen: Entzündungen im Magen-Darm-Trakt, Diarrhöen und Koliken. Bei Aufnahme großer Mengen Gehirnblutungen
Gefährlichkeit: stark giftig

Pfaffenhütchen – *Euonymus europaeus*
Heimische Gehölzart für halbschattige und schattige Standorte mit rot leuchtenden Früchten und einer intensiven Herbstfärbung
Giftige Pflanzenteile: alle Pflanzenteile, vor allem die Früchte
Vergiftungserscheinungen: Übelkeit, Krämpfe, Schock, Temperaturanstieg, blutiger Durchfall mit Kolik, Leber- und Nierenschädigung, Lähmung der Kaumuskulatur, tonisch-klonische Anfälle
Gefährlichkeit: stark giftig (bei Kindern können schon zwei Beeren Vergiftungserscheinungen hervorrufen)

Virginischer Wacholder – *Juniperus virginiana*
In vielen Gärten als Sorten angepflanzt. Stammt ursprünglich aus Nordamerika.
Giftige Pflanzenteile: alle Pflanzenteile
Vergiftungserscheinungen: Krämpfe, Atemnot, Kreislaufkollaps, zuletzt Bewusstlosigkeit und Tod
Gefährlichkeit: sehr stark giftig

Hecken- und Kletterpflanzen, die problemlos verwendet werden können
Alle Schling- und Kletterrosen – *Rosa* sp.
Alpen-Johannisbeere – *Ribes alpinum*
Bergkiefer – *Pinus mugo*
Bibernell-Rose – *Rosa spinosissima*
Echter Wacholder – *Juniperus communis*
Eingriffeliger Weißdorn – *Crataegus monogyna*
Feld-Ahorn – *Acer campestre*
Feld-Rose – *Rosa arvensis*
Fingerblättrige Akebie, Schokoladenwein – *Akebia quinata*
Hainbuche, Weißbuche – *Carpinus betulus*
Kornelkirsche – *Cornus mas*
Rotbuche – *Fagus sylvatica*
Rottanne – *Picea abies*
Sommer-Linde – *Tilia platyphyllos*
Strauch-Wald-Kiefer – *Pinus sylvestris 'Watereri'*
Trompetenblume – *Campsis* sp.
Wilder Wein – *Parthenocissus quinquefolia*
Winter-Jasmin – *Jasminum nudiflorum*
Winter-Linde – *Tilia cordata*
Zweigriffeliger Weißdorn – *Crataegus laevigata*

10

Verbindung von Natur und Architektur

Ein Haus aus dem 1970er-Jahren, viel Garten und ein neuer Besitzer, der ein Bewunderer des Architekten Frank Lloyd Wright ist, zu dessen Thesen es gehört, dass Gebäude und Umgebung, Architektur und Natur, Haus und Garten harmonisch miteinander verbunden sind. Was daraus entstanden ist? Ein überaus interessantes Naturgartenprojekt, bei dem zuerst der Garten und erst dann das Gebäude gestaltet wurde.

Die Ausgangslage

Bereits von Anfang an war für den neuen Besitzer klar, dass sowohl das Haus als auch das dazugehörende Grundstück komplett umgestaltet werden sollten. Richtungsweisend sollten dabei die Ideen des Architekten Frank Lloyd Wright sein, zu dessen Grundgedanke gehört, dass Architektur, Mensch und Natur eine Einheit bilden sollten. Der Bau soll sich harmonisch in die Umgebung einfügen und nicht wie ein Fremdkörper in der Landschaft stehen. Im Inneren sind offen gestaltete Räume ohne viele Unterteilungen und mit Bezug zum Außen typisch. Von überall im Gebäude soll die Landschaft sichtbar sein und scheinbar mit dem Haus zusammenfließen.

Bevor der Eigentümer allerdings mit der Planung des Gebäudes begann, wollte er ein Gartenkonzept vorliegen haben, welches als Grundlage für die Entwicklungen im und am Gebäude dienen soll. Bei diesem Projekt handelt es sich also um eine Gestaltung von außen nach innen. Ganz im Gegensatz zur üblichen Vorgehensweise: zuerst das Haus, dann der Garten.

Das Konzept

Das Konzept wurde in enger Zusammenarbeit mit dem Eigentümer, aber auch mit dem Architekten, der das Haus später umbauen sollte, ausgearbeitet. Dabei wurden die bereits angedachten Ideen für die Neuausgestaltung der Innenräume in die Entwicklung miteinbezogen. So wurde der Wohngarten auf der Südseite geplant, wo bodentiefe Fenster eingebaut werden sollen, die den Blick in die Umgebung freigeben. Der neue, großzügige Wohnbereich im Inneren wird dann harmonisch in den neuen Wohngarten im Außen übergehen. Im Gegensatz dazu bleibt die Nordseite praktisch fensterlos. Die Gartenzimmer im Norden erschließen sich also erst bei einem Rundgang durch den Garten. Der Blick aus der offenen Wohnküche öffnet sich nach Westen und nach Süden. Auf der Westseite schützen bestehende Bäume vor Einblicken. Aus dem Gäste- und dem Arbeitszimmer blickt man im Vordergrund auf den bepflanzten, am Gebäude integrierten Pflanztrog, den wir mit trockenheitsliebenden Pflanzen neu gestalten. Dahinter schweift der Blick in die Hecke und den Baum im Eingangsbereich.

1 Einfahrt, asphaltiert (bestehend)

2 «Blumenstrauß» – fröhlicher Empfang mit Staudenbeet

3 «Ouvertüre» – Natursteinpflaster, Sockelmauer aus Naturstein und leichte Metalllaube, berankt

4 «Sommernachtstraum» – Schattensitzplatz mit berankter Pergola, Sandbelag und Natursteinmauer

5 «Entrée» – Vorplatz mit Natursteinplatten

6 Staudenbeet mit hohen Wildstauden und einzelnen Beerensträuchern

7 «Grüner Filter» – Wildhecke mit heimischen Sträuchern

8 «Entspannungs-Laube» – im Boden eingelassener Jacuzzi, Holzdeck und Natursteinmauer

9 Gartenweg mit Rundkiesbelag

10 Sichtschutzhecke mit teilweise immergrünen Sträuchern

11 «Bellevue» – Sitzplatz mit Aussicht in die Landschaft, mit großformatigen Natursteinplatten und Sitzmauer aus Naturstein

12 «Reflecting Pool» – im Boden eingelassenes Wasserbecken, teilweise bewachsen und mit Wasserspeiern

13 «Naschgarten» – Aprikosen-Spaliere, Beeren, Gemüse-Hochbeete

Der Eingangsbereich

Die von den Hausbesitzern gewünschte Verbindung zwischen Natur und Architektur findet sich bereits im Eingangsbereich. Der triste und in die Jahre gekommene Weg aus Waschbetonplatten, eine Reminiszenz an die 1970er-Jahre, als das Haus gebaut wurde, wird komplett entfernt und durch ein Natursteinpflaster ersetzt. Auch die alte Betonmauer, die etwas weiter oben ansetzt, wird entfernt und die Böschung mit einer Trockensteinmauer aus Sandstein aufgefangen. Die gewählten Natursteinmaterialien sind aufeinander abgestimmt und gehen so harmonisch ineinander über.

Ein Laubengang wird den Besucher in Zukunft entlang des Eingangsweges begleiten. Das Metallgerüst wird mit verschiedenen Kletterpflanzen wie Alpen-Waldrebe *(Clematis alpina)*, Schokoladenwein *(Akebia quinata)*, Feld-Rose *(Rosa arvensis)*, Jakobiter-Rose (*Rosa* 'Alba Maxima') und Wildem Wein *(Parthenocissus quinquefolia)* versehen. Auch die Bepflanzung wird in diesem Bereich komplett überarbeitet. Bodendecker und Sträucher aus den 1970er-Jahren wie Zwergmispeln, Berberitzen und Koniferen werden durch heimische Gehölze und Stauden wie Kornelkirsche *(Cornus mas)*, Zimt-Rose *(Rosa majalis)*, Wilden Flieder *(Syringa vulgaris)*, Blutroten Storchschnabel *(Geranium sanguineum)*, Zypressenblättrige Wolfsmilch *(Euphorbia cyparissias)*, Felsen-Tulpe *(Tulipa saxatilis)*, Feld-Thymian *(Thymus pulegioides)* und andere ersetzt.

Im Laufe der Projektierung haben sich die Eigentümer entschieden, auch den Asphaltbelag bei der Garagenzufahrt durch Natursteinpflaster zu ersetzen. Die Ränder laufen unregelmäßig in Kies aus. So entstehen in den Randbereichen der Garagenzufahrt schmale Pflanzstreifen für besonders trockenresistente Wegrandpflanzen wie das Echte Johanniskraut *(Hypericum perforatum)*, den Edel-Gamander *(Teucrium chamaedrys)*, verschiedene Wildtulpen wie die Felsen-Tulpe *(Tulipa bakeri)*, die Zwerg-Tulpe *(Tulipa humilis)* oder die einheimische Weinberg-Tulpe *(Tulipa sylvestris)*, weiter auch die Küchenschelle *(Pulsatilla vulgaris)* und natürlich die Wegwarte *(Cichorium intybus)*.

Der Asphaltbelag wurde durch einen durchlässigen Belag aus Hartsandstein ersetzt. Die Fugen werden mit Sand aufgefüllt, damit Oberflächenwasser mühelos versickern kann. In den Fugen wird sich mit der Zeit zudem eine Flora ansiedeln, die zur Stabilität des Bodenbelages beiträgt.

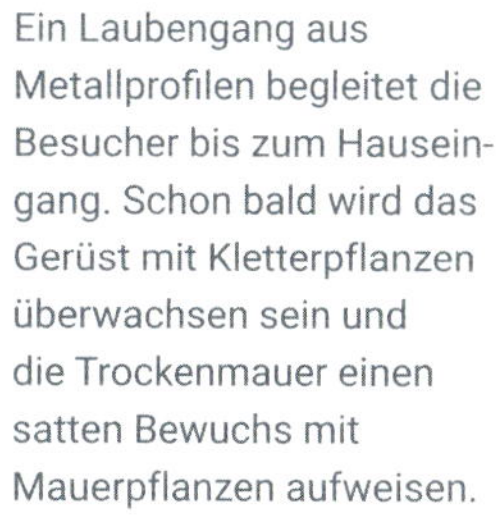

Ein Laubengang aus Metallprofilen begleitet die Besucher bis zum Hauseingang. Schon bald wird das Gerüst mit Kletterpflanzen überwachsen sein und die Trockenmauer einen satten Bewuchs mit Mauerpflanzen aufweisen.

Lauschige Plätze und Wege auf der Nordseite

Auf der Nordseite entsteht ein lauschiger Schattensitzplatz, der im Sommer, wenn es auf der Südseite des Hauses zu heiß ist, angenehm kühl bleibt. Zum Schutz vor Einblicken aus den umliegenden, höher gelegenen Nachbarhäusern spannt sich eine Pergola über den Platz, die mit Schlingrosen (*Rosa* 'Pink Perpétué') und Wald-Geißblatt *(Lonicera periclymenum)* überwachsen wird.

Zusätzlich pflanzen wir eine Wildhecke entlang der Grenze, die mit höher wachsenden Gehölzen wie Traubenkirsche *(Prunus padus)*, Wildapfel *(Malus sylvestris)*, Feld-Ahorn *(Acer campestre)* und Stechpalme *(Ilex aquifolium)* ergänzt wird. Damit wollen wir einen Sichtschutz zu den Nachbarhäusern, die etwa zwei Meter höher im Gelände stehen, schaffen. Niedriger wachsende Sträucher wie Schneeball *(Viburnum opulus)*, Busch-Rose *(Rosa corymbifera)*, Rote Heckenkirsche *(Lonicera xylosteum)* und Echte Mispel *(Mespilus germanica)* verdecken die unschöne Betonmauer, die vom Nachbarn direkt an der Grenze errichtet wurde.

Auf der Nordseite entsteht ein Sommersitzplatz unter einer Pergola. Wenn es auf der Südseite des Hauses zu heiß wird, bleibt dieser Ort durch die Beschattung mit Pflanzen angenehm kühl.

Entlang der Wege haben wir einige wenige Beerensträucher eingeplant. Es sind verschiedene Sorten von Roten und Schwarzen Johannisbeeren und Kulturheidelbeeren, die beim Vorbeigehen zum Naschen einladen. In den halbschattigen bis schattigen Bereichen unter und neben den Sträuchern blühen im Frühjahr Zwerg-Anemonen *(Anemone blanda)* in verschiedenen Farben. Die Wald-Schlüsselblume *(Primula elatior)* fühlt sich hier genauso wohl wie das Lungenkraut *(Pulmonaria officinalis)*, die Nachtviole *(Hesperis matronalis)* oder die Akelei *(Aquilegia vulgaris)*. Im Sommer blühen Herzgespann *(Leonurus cardiaca)*, Nesselblättrige Glockenblume *(Campanula trachelium)*, Gelber Fingerhut *(Digitalis lutea)* und an den schattigen Stellen Klebrige Salbei *(Salvia glutinosa)*, Wald-Geißbart *(Aruncus dioicus)* und Immenblatt *(Melittis melissophyllum)*. Im Spätsommer und Herbst sind es verschiedene Sorten von Herbst-Anemonen *(Anemone hupehensis)*, die in weißen und rosa Farbtönen leuchten.

Im Nordwesten des Grundstücks war ursprünglich ein weiterer, kleiner Sitzplatz mit einem Jacuzzi geplant, später kam jedoch die Idee auf, dort ein Gewächshaus zu platzieren. Realisiert wurde in diesem Bereich schließlich ein kleiner Hochbeet-Gemüsegarten.

Auf der Westseite lassen wir eine bestehende Gehölzgruppe mit Kanadischen Hemlocktannen und einigen Rhododendren stehen. Sie ist ein perfekter Sichtschutz zum Mehrfamilienhaus, das vor einigen Jahren an der Westgrenze gebaut wurde. Es würde Jahrzehnte dauern, bis neu gepflanzte Bäume und Sträucher einen gleichwertigen Schutz bieten könnten.

Die unschöne Betonwand wird durch eine vielfältige Bepflanzung aus Sträuchern und Stauden kaschiert.

Am Wegrand wachsen einige Beerensträucher, von denen im Vorbeigehen genascht werden kann.

Der Wohngarten

Auf der Südseite des Grundstückes entsteht der eigentliche Wohngarten. Hier richten wir einen großzügigen Sitzplatz ein. Als Bodenbelag fungieren Sandsteinplatten. Eine Sitzmauer schließt das Gartenzimmer nach Süden ab. Sie gibt optischen Halt und lädt zugleich zum Verweilen ein. Die Aussicht in die Berge ist aus dieser Lage einmalig und soll erhalten bleiben, deshalb wird hier nur eine niedrige Blütenhecke gepflanzt. Echte Felsenbirne *(Amelanchier ovalis)*, Sauerdorn *(Berberis vulgaris)* und Rainwaide *(Ligustrum vulgare)* decken den unteren Bereich zu den Nachbarhäusern ab, Bibernell- und Zimt-Rose *(Rosa spinosissima, R. majalis)* sowie die Strauchrosen 'Rose de Resht' und 'Stanwell Perpetual' sorgen für besondere Blüten- und Dufterlebnisse. In die Hecke wird zudem ein Spitz-Ahorn *(Acer platanoides)* als Schattenbaum integriert. Er wird sich später mit einem Blätterdach über den Sitzplatz wölben und für ein angenehmes, kühles Mikroklima sorgen. Der Spitzahorn wurde auch wegen seiner Attraktivität ausgewählt. Die Blüten erscheinen vor den Blättern im frühen Frühjahr und verwandeln den Baum in eine grüngelbe Wolke. Im Herbst verfärben sich die Blätter goldgelb und sorgen noch einmal für einen wunderschönen Jahresausklang.

Ganz im Sinne von Frank Lloyd Wright wurde das Haus im Erdgeschoss von unnötigen Zwischenwänden befreit und eine großzügige Glasfront mit bodentiefen Fenstern anstelle von kleinen Einzelfenstern geschaffen. Dabei wurde der ehemals überdachte Sitzplatz in den Innenraum integriert. Küche und Wohnzimmer liegen in einem großen, lichtdurchfluteten Raum mit freiem Blick in die Gartenlandschaft. Die durchgehende Glasfront lässt das Innen und Außen miteinander verschmelzen und es entsteht das Gefühl, dass Garten und Wohnraum eins sind.

Auf der Südseite liegt der Wohngarten mit einem großzügigen Sitzplatz. Ein Mini-Badeteich sorgt für Abkühlung an heißen Tagen. Die Sitzmauern, die den Platz umschließen, definieren den Raum und sorgen für Geborgenheit.

Ein flaches Wasserbecken, das bei Sonnenschein die Umgebung spiegelt und in den Innenraum reflektiert – ein kleiner «Reflecting Pool» – sollte diesen Teil des Gartens bereichern. Auf Wunsch der Eigentümer wurde daraus schließlich ein kleiner Badeteich, der bei heißem Wetter eine willkommene Abkühlung bietet. Auch hier umfasst eine Sitzmauer aus Rorschacher Sandstein den Gartenbereich und schafft eine Liegemöglichkeit direkt am Wasser. Das Wasserspiel bereichert den Garten mit einem leisen Plätschern. Verschiedene Wasserpflanzen bringen zusätzliches Grün in den Wohngarten und dienen zugleich der Regeneration des Minipools.

Bei diesem Projekt war ausnahmsweise der Gartenarchitekt federführend. Zuerst wurde das Konzept für die Umgebung des Hauses entwickelt, denn dem Hausherrn war es wichtig, dass Garten und Haus eine harmonische Einheit bilden.

Der kleine Naschgarten

Im südlichsten Gartenteil, unterhalb der bestehenden Betonmauer und damit auf der Ebene des Hauseingangs der Einfahrt, entsteht aus dem schmalen, bis dahin ungenutzten Geländestreifen ein kleiner Naschgarten. Ein Hochbeet steht für Gemüse, es wachsen Himbeeren und an der Mauer Obstspaliere. Nach Westen zum öffentlichen Fußweg wächst ein schwarzer Holunder, der den Garten zu dieser Seite abschließt. Die Beeren finden Verwendung in der Küche, sofern die Vögel nicht schneller sind und den Baum schon leergeräumt haben.

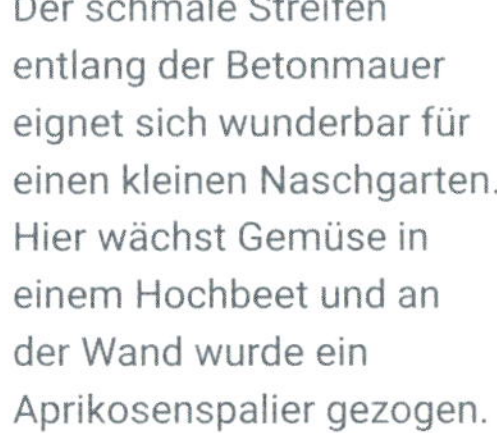

Der schmale Streifen entlang der Betonmauer eignet sich wunderbar für einen kleinen Naschgarten. Hier wächst Gemüse in einem Hochbeet und an der Wand wurde ein Aprikosenspalier gezogen.

Gartenbeleuchtung

Der Eigentümer wünschte sich außerdem ein Konzept für die Beleuchtung seines Gartens. Auf diese Weise wird der Garten auch in den Übergangszeiten und im Winter erlebbar. Entlang des Fußweges zum Hauseingang braucht es eine funktionale Beleuchtung, die dem Besucher den Weg weist. Wir haben uns für Wandeinbauleuchten entschieden, die strikt nach unten auf den Weg gerichtet sind. Das gewährleistet eine optimale Ausleuchtung bei geringer Lichtverschmutzung. Im Garten werden drei Bereiche dezent erhellt, und zwar der Sitzplatz auf der Nordseite, die bestehende Baumgruppe auf der Westseite, die man vom Küchenfenster aus sehen kann, und der Wohngarten auf der Südseite. Wir arbeiten ausschließlich mit Spots und kleinen Wandeinbauleuchten, die entweder direkt den Boden aufhellen oder indirekt in das Astwerk und die Blätter der Sträucher leuchten. Auf Bewegungsmelder haben wir bei der Stimmungsbeleuchtung verzichtet, stattdessen wird das Licht über eine Fernsteuerung von Hand ein- und ausgeschaltet. Es ist wichtig, das Lichtkonzept vor dem Beginn der Aushubarbeiten zu erstellen, um Kosten zu sparen und Nerven zu schonen. Eine nachträglich eingebaute Beleuchtung ist immer mit immensem Aufwand verbunden und stellt einen großen Eingriff in die Weg- oder Pflanzflächen dar. Steht das Beleuchtungskonzept, sind auch die Verteilschächte und die Leitungskanäle festgelegt und können im Zusammenhang mit der weiteren Gestaltung des Gartens ausgehoben werden.

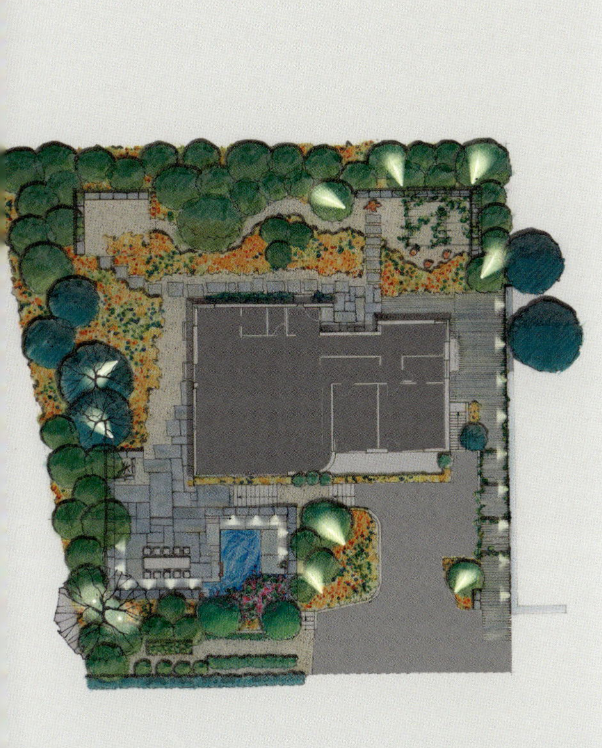

Verwendete Materialien

- Trockenmauern aus Rorschacher Sandstein
- Bodenplatten aus Rorschacher Sandstein, Oberflächen geflammt, schottischer Verband
- Natursteinpflaster Guber Hartsandstein aus Alpnach
- Stellplatten (Treppenstufen) aus Rorschacher Sandstein
- SCHALIT Schalungssteine aus Beton
- Armierungsstahl für die Schalungssteinmauer
- Beton BN P300/15er Betonkies
- Holzdeck aus CH-Lärche
- Schwimmbadleiter aus CH-Eichenholz
- Kiesmaterialien: Sand gewaschen 0–4 mm, Wandkies 1. Klasse, Straßenkies gebrochen 0–15 mm, Rundkies 4–8 mm, Betonkies 0–30 mm aus der Region
- Teichfolie aus EPDM-Kautschuk, hergestellt in Deutschland
- Dschungeldusche aus Armierungsstahl, rostend (mygarden.ch)
- Kompost aus regionaler Kompostierungsanlage

«Garden First»

Es gibt im Berufsleben eines Gartengestalters nur wenige Projekte, die in dieser Intensität ablaufen. Der Umstand, dass zuerst die «Landschaft» und danach das Gebäude geplant wird, ermöglichte mir eine völlig neue Erfahrung. Den Prozess der Hausgestaltung mit zu begleiten und bei den Übergangsbereichen zwischen Haus und Garten maßgeblich mitreden zu können, war eine sehr bereichernde Aufgabe für mich. In der Regel wird man als Gartengestalter, was die Gebäude betrifft, vor vollendete Tatsachen gestellt und muss mit dem umgehen, was bereits geplant und gebaut wurde.

Es war ein Glücksfall, einen Hausbesitzer zu treffen, der von der Naturgartenidee begeistert ist, und sich gleichzeitig auf einen ungewöhnlichen Planungsprozess einzulassen. Hinzu kam, dass sich der Hauseigentümer wochenweise geschäftlich im Ausland aufhielt, was den Prozess zu einem langen und spannenden Abenteuer werden ließ. Mehr als ein Jahr dauerte die Planungsphase. Sieht man sich das Resultat an, muss man zugeben, dass sich die Geduld und die vielen Überarbeitungen des Projektes gelohnt haben. Die Diskussionen über Gestaltungsdetails, das Abwägen verschiedener Varianten und der Austausch zwischen den Planern und dem Eigentümer haben zu einem charaktervollen, individuellen Ganzen geführt.

Projektumsetzung in Kurzform

Etappe 1

- Installation der Baustelle, Einrichten des Werkzeuglagers, der Deponie- und Lagerplätze für Schüttgüter.
- Schutz von Bauteilen wie Fassade, Fenster etc.
- Schützen von Pflanzen, die bestehen bleiben oder verpflanzt werden
- Rückbau von Bodenbelägen, Einbauten und Ausstattungen, anfallendes Material teilweise zur Wiederverwendung palettieren
- Grasnarbe abschälen und entsorgen
- Wege, Plätze und Mauern im Gelände abstecken und anzeichnen
- Oberboden abtragen, wo Wege, Plätze oder Mauern geplant sind
- Aushub für Badeteich und Mauerfundamente erstellen
- Wandkies als Fundationsschicht für Wege, Plätze und Mauern einbauen
- Diverse Leitungen für Beleuchtung, Elektroanschlüsse, Pumpe etc. verlegen
- Schalungssteinmauern für Badeteich erstellen
- Trockenmauern erstellen und mit Wandkies hinterfüllen
- Kiesplätze und Sitzplatz, soweit nicht an das Haus angrenzend, fertigstellen und schützen
- Material für restliche Flächen und Anpassungen zur Verwendung in der 2. Etappe vordeponieren

Etappe 2

- Installation der Baustelle
- Rückbau des Eingangsbereiches und der Garagenzufahrt
- Fundationsschichten für Trockenmauern ergänzen
- Verlegen von Leitungen für Beleuchtung und Elektroanschlüsse
- Trockenmauer und Treppenstufen erstellen
- Fundamente für Laubengang ausheben und Betonrohre versetzen
- Leitungen und Schächte für Brunnenanlage erstellen
- Natursteinpflaster versetzen und einsanden, Bodenbeläge fertigstellen inkl. Anschlüsse an der Fassade mit Fassadenschutz aus Rundkies
- Folie für Schwimmteich liefern und verlegen, Kiessubstrat in Pflanzflächen einfüllen
- Metallbauteile liefern und montieren
- Pflanzflächen herrichten: Oberboden verteilen, Bodenverbesserungsmittel einarbeiten
- Bäume und Sträucher sowie Kletterpflanzen und Stauden anliefern, verteilen und einpflanzen, befestigen, wässern
- Brunnen liefern und versetzen
- Hochbeet liefern und versetzen
- Holztor und Zaun liefern und versetzen
- Beleuchtungskörper liefern und versetzen

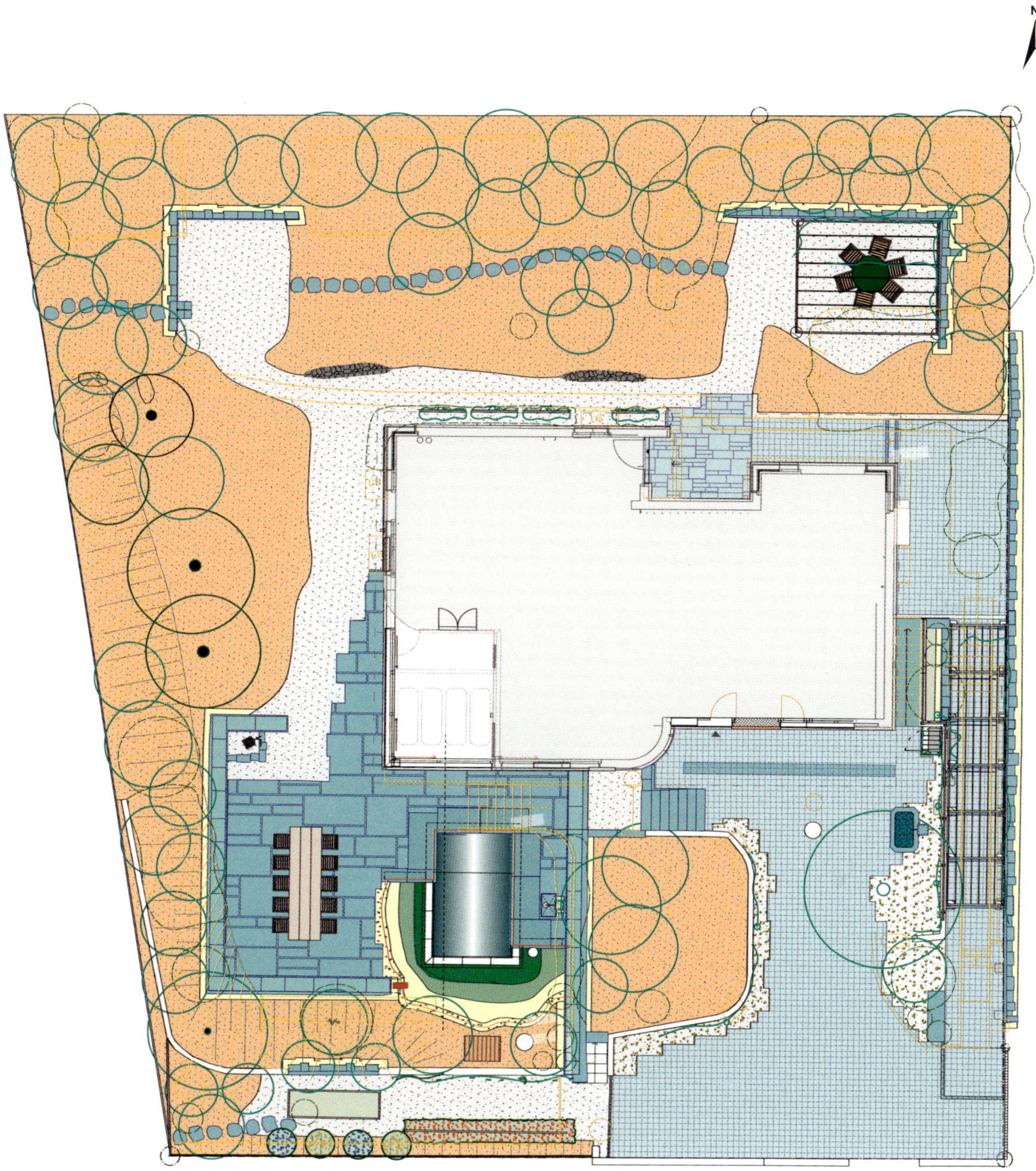

Das definitive Projekt hat einige wenige Änderungen erfahren. So wurde aus dem ursprünglich geplanten Reflecting Pool ein kleiner Badeteich und aus der Jacuzzi-Ecke ist ein kleiner Sommersitzplatz mit Sitzmauer und Kiesbelag. Beim Eingangsbereich wurde außerdem eine vorhandene Quelle benutzt, um einen Natursteinbrunnen zu speisen und der Asphaltbelag wurde durch ein Natursteinpflaster mit wasserdurchlässigen Fugen ersetzt.

Robuste Strauchrosen für Naturgärten

Naturnahes Gärtnern bedeutet nicht, dass man auf Rosen im Garten vollständig verzichten muss. Im Gegenteil: die Königin der Blumen hat auch in einem Naturgarten Platz, sofern es sich um eine bewährte und robuste Sorte handelt. Die hier vorgeschlagenen Sorten gedeihen ohne Pestizide und künstliche Dünger wunderbar, vorausgesetzt, sie werden richtig gepflanzt und die Bodenpflege stimmt.

Die schönsten robusten Strauchrosen

	Sorte	**H × B** [max.]	**Blütenfarbe**	**Blüte**	**Weiteres**
einmal blühend	'Alba Maxima'	3 × 3 m	weiß	gefüllt	erträgt auch Halbschatten; sehr gesundes, dunkelgrünes Laub
	'Amy Robsart'	3 × 2,5 m	leuchtend magenta	einfach	fruchtiger Duft; scharlachrote Hagebutten
	'Baron de Wassenaer'	1,8 × 1,2 m	dunkelrosa	gefüllt	gut duftend
	'Belle Amour'	2 × 2 m	lachsrosa	halbgefüllt	an Anis erinnernder Duft
	'Blanche Moreau'	2 × 1 m	im Aufblühen rosa angehaucht, später weiß	gefüllt	intensiv duftend
	'Duchesse de Montebello'	2 × 1,8 m	zartrosa	gefüllt	zart duftend; blüht auch im Halbschatten; fast stachellos
	'Fantin Latour'	2 × 2 m	zartrosa	gefüllt	stark duftend
	'Gloire de France'	1,5 × 1,5 m	intensiv rosa-lila	gefüllt	intensiver Duft; dunkelgrünes, gesundes Laub
	'Great Maiden's Blush'	2 × 1,5 m	zartrosa	gefüllt	stark duftend
	'Henri Martin'	1,5 × 1,8 m	purpur-karminrot	halbgefüllt	leicht duftend
	'Königin von Dänemark'	1,5 × 1,5 m	rosa	gefüllt	intensiver Duft
	'Madame Hardy'	1,8 × 1,5 m	reinweiß	gefüllt	stark duftend; sattgrünes, dichtes und gesundes Laub

'Rose de Resht' gehört zu meinen absoluten Favoriten. Sie blüht unermüdlich vom Sommer bis zum ersten Frost und ihr Duft ist intensiv und betörend zugleich.

Die schönsten robusten Strauchrosen

	Sorte	H × B [max.]	Blütenfarbe	Blüte	Weiteres
öfter blühend	'Felidaé'	1,2 × 1 m	gelb-apricot	gefüllt	wunderbarer, intensiver Duft
	'Lichtkönigin Lucia'	1,5 × 1,5 m	gelb	halbgefüllt	gut duftend; blüht bis zum ersten Frost
	'Moonlight'	2 × 2 m	cremeweiß	einfach	gut duftend; blüht unermüdlich; auch für Obelisken oder als kleine Kletterrose geeignet
	'Mozart'	2 × 2,5 m	leuchtend rosa mit weißer Mitte	einfach	erträgt auch Halbschatten; kleine orange Hagebutten; blüht bis zum ersten Frost
	'Penelope'	1,5 × 1,5 m	im Aufblühen lachsrosa, später weiß werdend	halbgefüllt	gut duftend; wenn die abgeblühten Blütenstände nicht geschnitten werden, entwickeln sich Hagebutten
	'Queen of the Musk'	1,5 × 1,5 m	im Aufblühen kupferfarben, später rosa und dann weiß werdend	halbgefüllt	leicht duftend; kleine, rote Hagebutten
	'Rose de Resht'	1,5 × 1,2 m	purpur- bis kirschrot	gefüllt	intensiver Duft
	'Souvenir de la Malmaison'	1 × 1 m	zartrosa-weiß	gefüllt	intensiver Duft
	'Great Maiden's Blush'	2 × 1,5 m	zartrosa	gefüllt	stark duftend
	'Henri Martin'	1,5 × 1,8 m	purpur-karminrot	halbgefüllt	leicht duftend
	'Königin von Dänemark'	1,5 × 1,5 m	rosa	gefüllt	intensiver Duft
	'Madame Hardy'	1,8 × 1,5 m	reinweiß	gefüllt	stark duftend; sattgrünes, dichtes und gesundes Laub

'Fantin Latour' gehört zu der Gruppe der Zentifolien. Sie erblüht zwar nur einmal, dafür aber üppig und mit wundervoll duftenden, großen Blüten.

Robuste Strauchrosen, die in Wildhecken verwendet werden können

öfter blühend

Sorte	H × B [max.]	Blütenfarbe	Blüte	Weiteres
'Amelia'	3 × 1,5 m	rosa	gefüllt	leicht duftend; Hagebutten
'Complicata'	2 × 2 m	leuchtend rosa	einfach	leicht duftend; orange, runde Hagebutten
'Cantabrigiensis'	2 × 1,8 m	blassgelb	einfach	leicht duftend; frühblühend
'Dupontii'	2 × 1,2 m	reinweiß	einfach	leicht duftend; wenig Hagebutten
'Frühlingsgold'	2 × 1,5 m	goldgelb	einfach	gut duftend; blüht bereits im Mai
'Glory of Edzell'	1,5 × 1,5 m	intensiv rosa mit weißer Mitte	einfach	leicht duftend; blüht bereits im Mai; im Herbst rötliche Blattfärbung und schwarze Hagebutten
'Herbstfeuer'	2 × 1,2 m	tiefrot	halbgefüllt	leicht duftend; vereinzelt remontierend; große, orangerote Hagebutten
'Highdownensis'	2,5 × 2 m	karminrosa	einfach	leicht duftend; flaschenförmige, rote Hagebutten
'Lady Penzance'	2,5 × 2 m	rosa mit gelber Mitte	einfach	leicht duftend
'Lord Penzance'	2 × 1,5 m	orange-rosa mit gelber Mitte	einfach	gut duftend; zahlreiche Hagebutten
'Macrantha'	3 × 3 m	zartrosa-weiß	einfach	frisch duftend; zahlreiche orangerote, kleine Hagebutten
'Magnifica'	1,8 × 1,8 m	karminrosa	halbgefüllt	leicht duftend; dunkelgrünes, gesundes Laub
'Moyesii'	3,5 × 3 m	blutrot	einfach	leicht duftend; dekorative, rote Hagebutten
'Nevada'	2,5 × 2,5 m	weiß	halbgefüllt	leicht duftend; frühblühend; remontierend
'Scharlachglut'	3 × 2,5 m	scharlachrot	einfach	leicht duftend; große, rote Hagebutten
'Semiplena'	2 × 2 m	leuchtend weiß	halbgefüllt	gut duftend; rote Hagebutten
'Splendens'	1,8 × 1,5 m	leuchtend rosa	halbgefüllt	leicht duftend; schöne Hagebutten
'Stanwell Perpetual'	1,6 × 1,4 m	zartrosa	gefüllt	süß duftend; remontierend

Strauchrosen richtig pflanzen

Für das Pflanzen von Strauchrosen sollte eine Pflanzgrube von mindestens 50 cm Tiefe ausgehoben und das Aushubmaterial in Oberboden und Unterboden aufgeteilt werden. Die Sohle der Pflanzgrube wird mit einer Spitzhacke oder einem schmalen Spaten zusätzlich aufgelockert. Der Oberboden wird mit Kompost und einer Handvoll organischem Dünger (z.B. Schafwollpelets) vermischt. Danach wird die vorbereitete Strauchrose (Pflanzschnitt und Wurzelanschnitt sind ausgeführt) in die Grube gehalten und das vorbereitete Gemisch in die Grube gefüllt. Anschließend sollte das Ganze einmal kurz angedrückt und mit Wasser kräftig eingeschwemmt werden. Nach dem Gießen noch einmal etwas Gemisch nachfüllen. Mit einem Teil des Aushubmaterials wird dann ein Gießrand ausgebildet, der Rest wird an anderer Stelle im Garten angefüllt.

Die Baumscheibe um die frisch gepflanzte Rose sollte mit Kompost versorgt oder mit einer Gründüngung angesät werden (z.B. Phacelia oder Erdklee). Einmal im Frühjahr sollte der Rose wieder eine Handvoll organischer Dünger zugegeben werden, der leicht im Boden eingearbeitet wird.

Lavendel gilt als ideale Begleitpflanze zu Rosen, obwohl die Bodenansprüche der beiden Pflanzen kaum unterschiedlicher sein könnten. Besser eignen sich verschiedene Wild- und Zierstauden, die wie die Rosen einen eher nährstoffreichen und humosen Boden bevorzugen.

11

Das Firmenareal der Zukunft

Außenareale von Firmen bergen ein großes Potenzial für naturnah gestaltete Flächen. Diese Landstücke, besonders wenn sie eine gewisse Größe haben, können zu richtigen Biodiversitätsinseln in der Landschaft werden. Leider bleiben diese Flächen aber oft ungenutzt und Betonpflaster, öde Rasenflächen oder leblose Schottergärten prägen das Bild. Wie auf einem Firmenareal Strukturen und Lebensräume für verschiedene einheimische Pflanzen und Tiere geschaffen werden können, zeigt dieses Beispiel.

Die Ausgangslage

Der Busbetrieb im österreichischen Vorarlberg ist ein traditionelles Familienunternehmen. Vor einigen Jahren hat eine neue Generation das Zepter von den Eltern übernommen, um den Betrieb in die Zukunft zu führen. Im Zusammenhang mit notwendigen Sanierungen an der technischen Anlage haben sich die jungen Unternehmer entschieden, auch die Umgebung umzugestalten. Ziel dabei ist es, die Außenflächen ökologisch aufzuwerten und so von der Stiftung «Natur und Wirtschaft» ein Zertifikat für die Außenanlage zu erhalten. Dieses wird nur an Unternehmen vergeben, die mindestens 30 % der Anlage naturnah gestalten und sich dazu verpflichten, die Flächen biologisch, also ohne jegliche Pestizide und mineralische Dünger, zu pflegen. Als naturnahe Elemente gelten zum Beispiel Hecken, (Blumen-)Wiesen, Feuchtbiotope, durchlässige Wege und Plätze, aber auch Fassaden- und Dachbegrünungen. Davon weist das Firmenareal jedoch kaum etwas auf. Alle befahrbaren Flächen und die Parkplätze sind mit Asphalt belegt, die bestehenden Wiesenflächen rund um das Betriebsgebäude werden regelmäßig gemäht und weisen nur wenige einheimische Pflanzenarten auf. Das Aufwertungspotenzial ist also groß!

Das Konzept

In das Aufwertungsprojekt wurde das gesamte Firmenareal miteinbezogen, auch die privat genutzten Bereiche. Von der rund 12 800 m² großen Fläche sollten gut 50 % naturnah gestaltet werden. Der Wunsch der neuen Firmeninhaber war es natürlich, eine Anlage zu gestalten, die möglichst viel Lebensraum für verschiedene Tierarten bietet. Gleichzeitig sollte sie aber nicht zu pflegeintensiv sein. Wir haben uns deshalb für große Wiesenflächen mit einzelnen Strauchhecken und Obstbäumen entschieden, die problemlos maschinell gemäht werden können. In den Randbereichen, zum Beispiel entlang der Fassaden, werden pflegeleichte Trockenstandorte mit entsprechender Flora angelegt und ein Teil der Asphaltfläche entsiegelt und mit Schotterrasen neu aufgebaut. Die privaten Bereiche werden mit einheimischen Gehölzen und Wildstaudenflächen aufgewertet. Die gesamte Anlage wird so zu einem wichtigen Trittstein in einer ansonsten sehr ausgeräumten, landwirtschaftlich intensiv genutzten Landschaft.

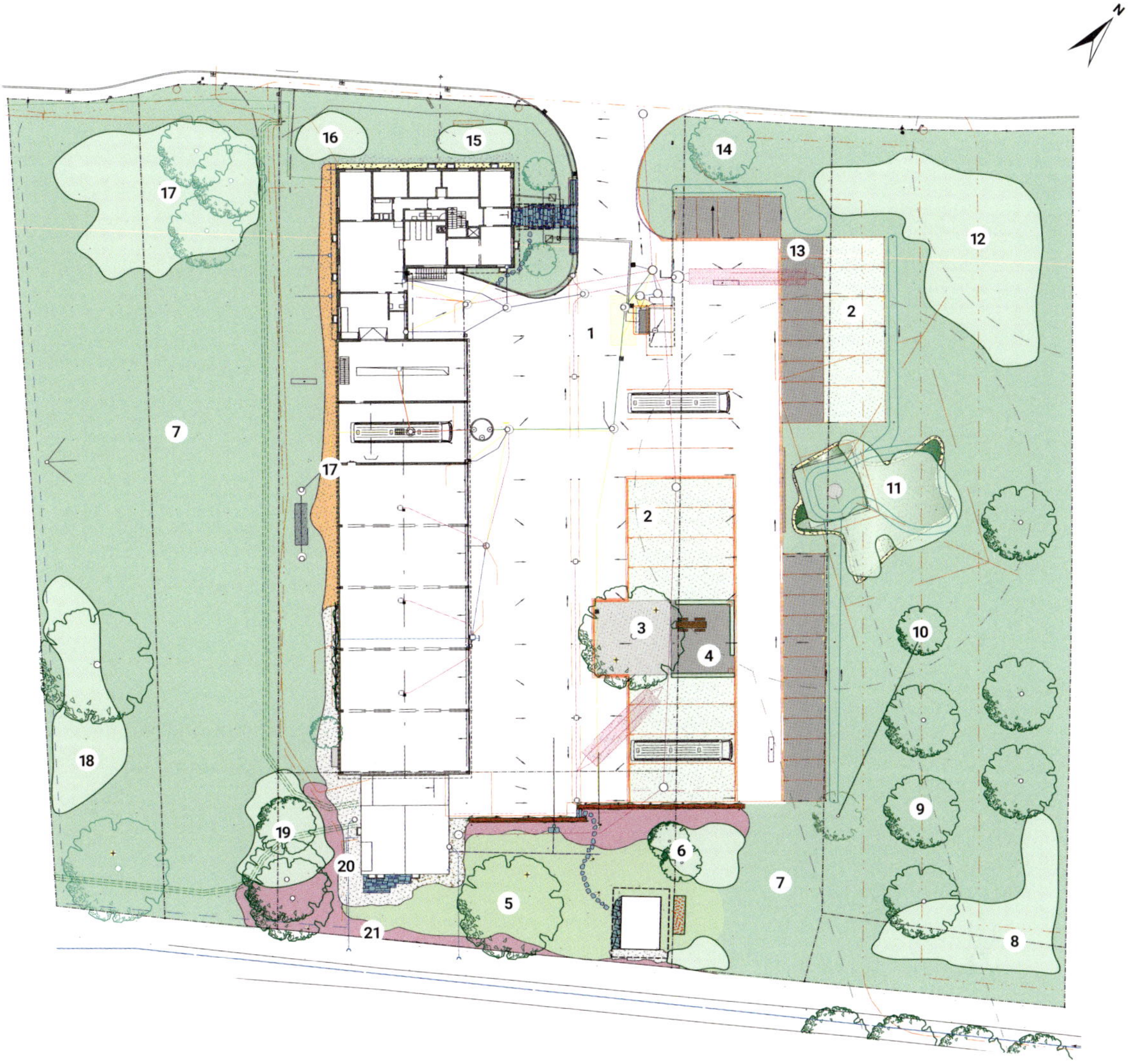

1 Asphalt
2 Busparkplätze mit Schotterrasen
3 Rotbuche
4 Sitzplatz für Mitarbeitende
5 Nussbaum (bestehend)
6 Hasel (bestehend), ergänzt mit «Schneeweißchen und Rosenrot» – Komposition mit Strauchrosen, Eisenhut, Echinacea u. a.
7 Blumenwiese
8 «Zaunkönig» – dichte Wildhecke mit Haselstrauch, Pfaffenhütchen, Schneeball u. a.
9 Obstbäume (bestehend)
10 Birnbaum (bestehend), verpflanzt
11 «Walpurgisnach» – Weiden, Faulbaum, Traubenkirsche u. a.
12 «König Drosselbart» – heimische Sträucher u. a. mit Liguster, Wildrosen, Schneeball, Schlehe, Holunder
13 Mitarbeiter-Parkplätze mit Mergelbelag
14 Spitzahorn
15 Hortensien
16 Strauchgruppe
17 «Rotkäppchen» – Felsenbirne, Sauerdorn, Schneeball und Wildrosen
18 «Dornröschen» – Wildrosen, Liguster, Buchs, Schwarzdorn
19 Gehölzgruppe (bestehend), ergänzt mit heimischen Gehölzen
20 Sitzplatz mit Natursteinplatten, rundherum Rundkiesbelag
21 «Erlkönig» – Hochstaudenflur mit Mädesüß, Blut-Weiderich, Weidenröschen u. a.

Wasserdurchlässige Bodenbeläge

Das Areal weist insgesamt einen großen Anteil an versiegelter Betonfläche auf. Um diesen Bereich ökologisch aufzuwerten, werden von den für den Busbetrieb notwendigen Verkehrsflächen einige Teile aufgebrochen und die Parkplätze für die Mitarbeitenden sowie die Außenstellflächen für die schweren Busse als Schotterrasen gestaltet. Es handelt sich dabei um einen Kiesbelag, der begrünt wird, wobei die Wurzeln für eine zusätzliche Verfestigung des Bodens sorgen. Diese neuen, entsiegelten Flächen sind ebenso belast- und uneingeschränkt nutzbar wie die ehemaligen Betonplätze, haben aber einen deutlichen ökologischen Mehrwert. So entsteht durch die Begrünung ein weiterer Lebensraum für Pflanzen und verschiedene Insekten, gleichzeitig kann das Regenwasser an Ort und Stelle versickern und so zur Grundwassererneuerung beitragen, statt die Kanalsysteme zu überlasten. Außerdem sorgen die offene Bauweise und die Begrünung für ein deutlich besseres Mikroklima. Ein Schotterrasen verlangt dem Eigentümer allerdings etwas Geduld ab, da die Plätze zuerst einwachsen müssen, bevor sie belastet werden können. Dafür benötigen diese Plätze später weniger Pflege, da es durch die regelmäßige Nutzung zu keinem wilden Wuchern kommt.

Oberflächenwasser wird über eine Sickermulde in den natürlichen Kreislauf zurückgeführt. Die Versickerungsanlage nimmt bei starkem Regen große Wassermengen auf und lässt es anschließend langsam im Boden versickern.

Für die Mitarbeiterparkplätze und die Außenstellplätze für die Busse wurde der Asphalt entfernt und durch Schotterrasen ersetzt. Dieser Belag ist vegetationsfähig und damit Lebensraum für Pflanzen und Tiere.

Wiesenflächen mit neuen Strukturen

Die offenen Wiesenflächen, die das Firmengebäude umgeben, werden mit Hecken und Strauchgruppen ergänzt und strukturiert. Die Hecken sind in der ausgeräumten Kulturlandschaft willkommene Rückzugsorte und Nistplätze für Vögel. Die Gehölze ziehen außerdem viele Insekten an, denen sie Nahrung in Form von Pollen und Nektar bieten. In den Hecken wachsen für die Region typische heimische Gehölze wie Hasel *(Corylus avellana)*, Hartriegel *(Cornus sanguinea)*, Wolliger Schneeball *(Viburnum lantana)* und Vogel-Kirsche *(Prunus avium)*. Wichtig ist auch eine große Anzahl von gut bewehrten Straucharten, die den Vögeln besonderen Schutz bieten, wie etwa Schwarzdorn *(Prunus spinosa)*, Kreuzdorn *(Rhamnus cathartica)*, Hunds-Rose *(Rosa canina)*, Zweigriffeliger Weißdorn *(Crataegus laevigata)* oder Sauerdorn *(Berberis vulgaris)*.

Die bereits vorhandenen Obstbäume werden in die Gestaltung integriert und in Teilbereichen mit jungen Obstbäumen ergänzt. Die Wiesenflächen werden teilweise umgebrochen und neu angesät, um schneller eine höhere Artenvielfalt zu erreichen. Der Landwirt, der die Wiesenflächen mäht, bekommt einen neuen Mährhythmus auferlegt: Gemäht wird nur noch zweimal pro Jahr, das erste Mal Anfang Juni, das zweite Mal, je nach Witterung, zwischen Mitte und Ende Oktober. Außerdem gilt ab sofort ein Dünge- und Gülleverbot. So werden sich auch die restlichen Wiesenflächen über Jahre entwickeln und vielfältiger werden. Wiesenflächen sind – ob nun neu angesät oder extensiver gepflegt – nichts für ungeduldige Gartenbesitzer. Es dauert auf jeden Fall mehrere Jahre oder, im Falle einer Umstellung der Pflege, sogar Jahrzehnte, bis sich eine Artenvielfalt etabliert hat.

In die bestehenden Wiesenflächen werden Heckenstrukturen und Strauchgruppen mit einheimischen Gehölzen gepflanzt.

Trockenstandorte an Fassaden

Streifen entlang von Fassaden werden bei der Gestaltung von Grünflächen oft außen vor gelassen. Ganz zu Unrecht, denn hier fühlen sich hochspezialisierte Pflanzenarten wie Natternkopf *(Echium vulgare)*, Ochsenzunge *(Anchusa officinalis)*, Schwarze Königskerze *(Verbascum nigrum)*, Färber-Hundskamille *(Anthemis tinctoria)* oder Berg-Aster *(Aster amellus)* sehr wohl. Die fehlende Konkurrenz durch den nährstoffarmen, trockenen Boden sorgt dafür, dass diese Pflanzen nicht durch andere verdrängt werden und damit auch langfristig hier wachsen können.

Der Fassadenschutz wird übrigens nicht beeinträchtigt. Im Gegenteil: Die Pflanzenwurzeln saugen das wenige Wasser an dieser Stelle aus dem Boden und sorgen dafür, dass die Hauswand trocken bleibt. Das gilt allerdings ausschließlich für Blütenstauden und nicht für Gehölze, die mit ihren Wurzeln tiefer eindringen und damit die Fassade beschädigen könnten.

Der Pflegeaufwand für diese Trockenstandorte ist sehr gering. Aus der angrenzenden Wiese kommen gelegentlich einzelne Gräser oder Löwenzahn eingeflogen, die in dem Kiessubstrat keimen und aufwachsen. Sie werden ein- bis maximal zweimal im Jahr entfernt.

Trockene Bereiche entlang von Fassaden werden mit Kies verfüllt und mit einheimischen Stauden bepflanzt.

Die Schwarze Königskerze *(Verbascum nigrum)* benötigt offene Flächen, damit sie sich immer wieder selbst aussäen kann.

Fließgewässer an der Grundstücksgrenze

Auf der Südseite des Grundstückes fließt ein kleiner Bach, der wenig naturnah gestaltet ist. Den Bach konnten wir leider nicht umgestalten, weil dafür eine Genehmigung der Gemeinde und des Bundeslandes notwendig gewesen wäre. Außerdem handelt es sich nur um ein Teilstück des Baches, was eine Bewilligung für einen Eingriff noch komplizierter gemacht hätte. Die Uferböschungen konnten wir jedoch aufwerten und haben sie mit typischen Hochstaudenfluren und Gehölzen bepflanzt. Hier wachsen nun verschiedene Weidenarten und Erlen sowie typische Blütenstauden aus dem Lebensbereich Hochstaudenflur wie Echtes Mädesüß *(Filipendula ulmaria)*, Blut-Weiderich *(Lythrum salicaria)* oder Wasserdost *(Eupatorium cannabinum)*. Am oberen Rand der Böschung sind es zudem verschiedene Blütenstauden wie die Großblütige Königskerze *(Verbascum densiflorum)* oder das Schmalblättrige Weidenröschen *(Epilobium angustifolium)*, die den Garten im Sommer in ein blühendes Feld verwandeln.

Im Sommer blüht der Blaue Eisenhut *(Aconitum napellus)*, eine seltene einheimische Staude, die einen feuchten Untergrund bevorzugt. Die Pflanzen sind für uns Menschen hochgiftig, nicht jedoch etwa für Schnecken, die den Eisenhut genussvoll verspeisen, oder für Bienen, die seinen Pollen fleißig sammeln.

Großblütige Königskerze *(Verbascum densiflorum)* und Schmalblättriges Weidenröschen *(Epilobium angustifolium)* erfreuen durch ihre Blütenpracht nicht nur das Auge, sondern bieten auch verschiedenen Insekten reichlich Nahrung.

Dachgarten und Dachbegrünung

Bestandteil der Umgestaltung war auch der private Dachgarten der Geschäftsinhaber. Dieser sollte besser nutzbar und gemütlicher werden, zudem sollten auch in diesem Bereich möglichst viele einheimische Pflanzen einen Platz finden. Die alte Bepflanzung, die mehrheitlich aus exotischen Sträuchern bestand, haben wir entfernt und die Fläche neu mit Kies ausgelegt. Dort wachsen nun verschiedene trockenheitsliebende Stauden wie Wegwarte *(Cichorium intybus)*, Kartäuser-Nelke *(Dianthus carthusianorum)*, Natternkopf *(Echium vulgare)*, Zittergras *(Briza media)*, Färber-Hundskamille *(Anthemis tinctoria)* und Berg-Aster *(Aster amellus)*. Der gedeckte Sitzplatzbereich wurde mit einem Klinkerpflaster gestaltet. Ausgangsmaterial für den Klinker ist ein Tongemisch, das gebrannt wird und dadurch frostbeständig ist. Der Klinker hat eine warme, dunkelrote Farbe, die den Eigentümern sehr gut gefallen hat. Außerdem schafft das Material ein angenehmes Mikroklima, eine Eigenschaft, die an heißen Sommertagen sehr erwünscht ist. In Pflanzgefäßen, die aus rostendem Stahl gefertigt sind, wachsen auch größere Sträucher wie Kornelkirsche *(Cornus mas)*, Felsenbirne *(Amelanchier ovalis)* oder Wein-Rose *(Rosa rubiginosa)*, die zur Straße hin für ausreichenden Sichtschutz sorgen.

Das vorgelagerte Flachdach zum Betriebsgebäude hin wurde extensiv begrünt. Aus statischen Gründen war in diesem Bereich nur eine dünne Auflage mit Dachsubstrat möglich. Es wachsen in erster Linie *Sedum*-Arten wie Scharfer, Weißer und Dickblättriger Mauerpfeffer *(Sedum acre, S. album, S. dasyphyllum)*.

Ein Teil der Dachfläche, die nicht begehbar ist, wurde extensiv begrünt. Die Belastung war leider stark eingeschränkt, sodass nur eine dünne Schicht Substrat aufgetragen werden konnte. Um die Artenvielfalt zu erhöhen, wäre es ideal, das Dachsubstrat in unterschiedlichen Stärken einzubringen und damit Bereiche für höhere Pflanzenarten zu schaffen.

Neben dem Firmenareal wollte die junge Familie auch den privaten Dachgarten naturnah gestalten und nutzbar machen.

Die Färber-Hundskamille *(Anthemis tinctoria)* wächst gerne auf nährstoffarmem, kiesigem Untergrund. Sie samt sich selber aus, um jedes Jahr wieder an einer anderen Ecke neu aufzublühen.

Nachhaltige Pflege

Damit sich die neuen, naturnah angelegten Flächen über die Jahre richtig entwickeln und die Artenvielfalt erhalten bleibt, ist es wichtig, dass die Pflegearbeiten im Sinne des Projektes vorgenommen und fachgerecht ausgeführt und begleitet werden. In den ersten Jahren wird die naturnahe Anlage von einem Naturgartenspezialisten und unter Mithilfe eines ortsansässigen Bauern und einer interessierten Gärtnerin entwickelt und gepflegt. Nach fünf Jahren sollen dann die mittlerweile in die Arbeiten und die Anlage eingeführten Gärtner vor Ort das Zepter übernehmen und den Garten selbstständig weiterpflegen.

Leider wird die Wichtigkeit der Entwicklung und Pflege eines naturnahen Gartens häufig unterschätzt. Während in privaten Anlagen die Besitzer an einer Entwicklung ihres Gartens interessiert sind, wechseln bei Firmen oft die zuständigen Mitarbeiter. Die Außenanlage ist oft Nebensache und wird vernachlässigt, was schnell zu einer Verödung des Geländes und zum Rückgang der Artenvielfalt führen kann. Damit verbunden wirkt der Außenraum immer weniger attraktiv und der Naturgarten gilt als gescheitert. Dies kann vermieden werden, wenn von Anfang an ein Pflege- und Entwicklungskonzept erarbeitet und ein Pflegevertrag abgeschlossen wird, der die Häufigkeit und Durchführung der Pflegearbeit in den verschiedenen Bereichen beschreibt.

Bei der naturnahen Gestaltung von Firmenarealen ist es notwendig, bereits in der Planungsphase ein Entwicklungs- und Pflegekonzept auszuarbeiten.

Firmen mit Potenzial

Naturnah gestaltete Firmenareale sind leider immer noch eine Seltenheit, obwohl die Flächen oft vorhanden sind und in der Regel auch nicht anderweitig genutzt werden. Gerade naturnahe Firmenareale könnten jedoch einen wesentlichen Beitrag leisten, um Lebensräume zu vernetzen und die Artenvielfalt zu fördern sowie aktiv etwas für das Klima zu tun. Möglichkeiten dafür gäbe es viele: Hotelanlagen könnten ihre Gäste mit einem Schmetterlingsgarten überraschen oder in ihrer Umgebung Wildkräuter anbauen, die sie in der Küche verwenden; Industrieanlagen, die viele versiegelte Flächen um die Gebäude herum benötigen, könnten ihre Wand- und Dachflächen begrünen und damit auch ihre Gebäude optisch aufwerten; Transportunternehmen könnten einen Teil ihres CO_2-Ausstoßes direkt auf ihrem Gelände kompensieren, indem sie Bäume und Sträucher pflanzen und Wiesen statt Rasen wachsen lassen.

Die *Stiftung Natur und Wirtschaft* hat es sich zum Ziel gemacht, naturnah gestaltete Firmenareale auszuzeichnen. Seit mehr als 20 Jahren arbeitet die Stiftung mit Unternehmen zusammen und hat schon über 450 zukunftsorientierte Firmen zertifiziert. Will ein Betrieb diesen Weg gehen, ist es wichtig, einen Partner zu finden, der sich auf die Planung, die Ausführung und vor allem auf die Entwicklung und die Pflege von naturnahen Anlagen spezialisiert hat. Bei Bioterra ist eine Liste solcher Unternehmen abrufbar. Auch die Stiftung Natur und Wirtschaft gibt Empfehlungen für regional tätige Spezialisten heraus.

Naturnahe Firmenareale bieten unzähligen Pflanzen- und Tierarten einen Lebensraum. Gleichzeitig sind es auch Räume, die von den Mitarbeitern in den Pausen zur Erholung und Entspannung genutzt werden können.

Hecken und Strauchgruppen für Vögel und andere Tiere

Einheimische Gehölze werden vor allem dann zum beliebten Lebensraum, wenn sie möglichst dicht ineinander verwachsen sind und das dichte Geflecht aus Ästen den Tieren Schutz bietet.

10 Tipps zur Verwendung von einheimischen Wildgehölzen

1	Pflanzen standortgerecht auswählen
2	Einheimisches Pflanzenmaterial verwenden (Forstbaumschule, Pflanzen aus heimischem Saatgut gezogen)
3	Junge Pflanzen (Forstware) verwenden (Vorteil: schnelles Anwachsen)
4	Untergrund beim Ausheben der Pflanzgrube gut lockern
5	Anstehenden Boden mit Kompost und einem organischen Dünger vermischen
6	Wurzelnackte Pflanzen nie in der Sonne liegen lassen, sondern mit Jute oder Vlies abdecken
7	Pflanzen immer einschwemmen, auch wenn es regnet
8	Pflanzen in den ersten zwei Jahren regelmäßig wässern
9	Aufbauschnitt in den ersten zwei Jahren fördert das Wachstum
10	Heckensträucher dicht ineinander verwachsen lassen

Im Gegensatz zu Ziergehölzen sind einheimische Sträucher eine wichtige Futterquelle für zahlreiche einheimische Vogel- und Insektenarten.

Top Ten für Insekten und Wildbienen
Sal-Weide – *Salix caprea* (ca. 200 Insektenarten, über 30 Wildbienenarten)
Zweigriffeliger Weißdorn – *Crataegus laevigata* (ca. 160 Insektenarten, 16 Wildbienenarten)
Schlehdorn (Schwarzdorn) – *Prunus spinosa* (ca. 140 Insektenarten, über 15 Wildbienenarten)
Wildrosen – *Rosa* sp. (ca. 100 Insektenarten, 10 Wildbienenarten)
Echte Brombeere – *Rubus fruticosus* (über 80 Insektenarten, über 25 Wildbienenarten)
Feld-Ahorn – *Acer campestre* (ca. 70 Insektenarten, über 15 Wildbienenarten)
Hartriegel – *Cornus sanguinea* (ca. 30 Insektenarten, ca. 10 Wildbienenarten)
Liguster – *Ligustrum vulgare* (über 20 Insektenarten, ca. 4 Wildbienenarten)
Pfaffenhütchen – *Euonymus europaeus* (über 20 Insektenarten)
Stechpalme – *Ilex aquifolium* (ca. 15 Insektenarten, 11 Wildbienenarten)

Top Ten Futtergehölze für Vögel
Vogelbeere – *Sorbus aucuparia* (über 60 Vogelarten)
Schwarzer Holunder – *Sambucus nigra* (über 60 Vogelarten)
Vogelkirsche – *Prunus avium* (über 45 Vogelarten)
Trauben-Holunder – *Sambucus racemosa* (über 45 Vogelarten)
Echter Wacholder – *Juniperus communis* (über 40 Vogelarten)
Himbeere – *Rubus idaeus* (39 Vogelarten)
Faulbaum – *Frangula alnus* (über 35 Vogelarten)
Traubenkirsche – *Prunus padus* (24 Vogelarten)
Kultur-Birne – *Pyrus communis* (über 20 Vogelarten)
Eibe – *Taxus baccata* (über 20 Vogelarten)

12

Neues Leben unter der Linde

Nach einiger Zeit in einem neuen Haus oder nach einem schönen Sommer, der viele Gelegenheiten bot, Zeit draußen zu verbringen, wird vielen Hausbesitzern erst so richtig bewusst, wie wichtig der Lebensraum rund um das Gebäude ist. Ebenfalls wird manchen dann gewahr, dass der Garten, der jetzt vor ihrer Haustür liegt, nicht den eigenen Vorstellungen und Bedürfnissen entspricht und dringend einer Veränderung bedarf, um sich draußen genauso wohlzufühlen wie drinnen.

Die Ausgangslage

Die junge Familie hat das Grundstück bereits vor einigen Jahren gekauft und das Haus relativ rasch ihren Wünschen entsprechend umgebaut. Beim Garten hatte es allerdings etwas länger gedauert, bis sie die Umgestaltung in Angriff genommen haben, obwohl er von Anfang an nicht ihren Bedürfnissen und Vorstellungen entsprach. Inspiriert vom Besuch einer Gartenmesse hat sich die Familie zusammengesetzt und ihre Wünsche für ihren neuen Garten formuliert: Er sollte insgesamt vielfältiger und abwechslungsreicher werden und vor allem naturnäher gestaltet sein. Mehrere Sitz- und Aufenthaltsbereiche, darunter ein gemütlicherer Wohngarten sowie ein Platz zum Grillen und ein Naschgarten mit Früchten, Beeren und Kräutern sollten darin Platz finden. Eine vielfältige Bepflanzung mit heimischen Arten, die den Garten in einem freundlicheren Licht erstrahlen lassen und zugleich einen Lebensraum für verschiedene Tiere bietet, war ihnen ebenfalls wichtig. Bis auf wenige Elemente, wie etwa die wunderschöne, schattenspendende Linde auf der Südseite oder die Anbauten für Geräte und Werkzeuge, sollte der Garten also komplett umgestaltet und erneuert werden.

Das Konzept

Eines war von Anfang an klar: Die Linde musste stehen bleiben. Sie spendet im Sommer genau am richtigen Platz Schatten und verleiht dem Garten ein ganz besonderes Ambiente. Den Bereich rund um die Linde werden wir deshalb im Wesentlichen belassen, ihn aber mit einigen wenigen Änderungen gemütlicher und lauschiger gestalten: Die Bodenplatten beim Sitzbereich werden ersetzt und statt eines alten Holzzaunes wird eine leicht abgewinkelte Sitzmauer aus Sandstein den Lindenplatz umfassen. Auch die weiteren Gartenecken werden mit Sitzmauern ausgestaltet. Sie verleihen dem Garten Struktur und erfüllen gleichzeitig den Wunsch nach verschiedenen Verweilmöglichkeiten. Dieser Wunsch wird auch in Form eines großzügigen Kiesplatzes erfüllt, der später für gemütliche Grillabende genutzt werden kann. Die Gartenbereiche am Hang – der eigentliche Eingangsbereich sowie die steile Böschung auf der Südwestseite – werden ebenfalls mit Mauern neu strukturiert und mit einer vielfältigen und naturnahen Bepflanzung zu einem vielfältigen Lebensraum umgestaltet.

1 Betonpflaster (bestehend)

2 «Duftwolke» – Streifen für wunderbar duftende Stauden

3 Bibernell-Rose

4 Stützmauer und Treppenaufgang aus Recyclingmaterial, Mauerkrone bepflanzt

5 «Morgentau» – Schattensaum mit Veilchen, Hasenlattich, Glockenblumen, Knautie u. a.

6 Bauernjasmin

7 Recyclingbelag

8 «Merlin» – Auslese von üppigen Waldstauden, geheimnisvollen Farnen und kräftigen Gräsern

9 Johannisbeerstrauch

10 Heckenkirsche

11 Sitzmauer aus Recyclingmaterial

12 Seidelbast

13 Rankgerüst, bewachsen mit Clematis und Wildrosen

14 Rose 'Herbstfeuer'

15 «Herbst Zeit Los» – heimische Hochstaudenflur, ergänzt mit Herbst-Aster, Herbst-Anemonen, Sonnenhut u. a.

16 Liguster und Ginster

17 Rundkiesbelag

18 Mispel

19 «Tischlein Deck Dich» – Naschgarten mit verschiedenen Beeren, Minzen, Melissen und Wildstauden

20 Linde (bestehend)

21 Sitzplatz mit Sandsteinbelag

22 «Dornröschen» – Hecken- oder Strauchkomposition, u. a. mit robusten Wildrosen, Schwarzdorn und Liguster, unterpflanzt mit «Prinzessin auf der Erbse» – mit Storchschnabel, Odermennig u. a.

23 Sockelmauer aus Recyclingmaterial

24 «Steppenwolf» – trockene, nährstoffarme Ruderalfläche, u. a. mit Natternkopf, Königskerze und Kartäuser-Nelke

Der Eingangsbereich

Der Eingangsbereich bot der Familie bislang kaum den Empfang, den sie sich wünschten. Die Mauern und Treppen ebenso wie die Bodenplatten rund um den eigentlichen Hauseingang sind in die Jahre gekommen und zum Teil sanierungsbedürftig. Auch die düsteren Rhododendren und überalterten Staudenpflanzen wirkten nicht gerade freundlich. Der Eingangsbereich wurde deshalb komplett umgestaltet. Die Treppenführung und den Mauerverlauf haben wir neu konzipiert und mit verschiedenen Recyclingmaterialien wie Platten, Pflaster- und Klinkersteinen neu aufgebaut. Auch ein größerer Teil der zuvor abgebauten Materialien wurde wiederverwendet.

Die Bepflanzung in diesem Bereich wurde neu und standortgerecht zusammengestellt. Der Bereich neben der Garageneinfahrt ist stark besonnt und trocken. Je weiter man sich nach oben begibt und der Haustür nähert, desto schattiger wird es entlang des Fußweges. Die Rabatten direkt an der Fassade liegen in einem trockenen und halbschat-

Die bestehende Situation am Eingangsbereich war für die Hausbesitzer unbefriedigend. Außerdem sind die Mauern, Bodenbeläge und Treppenstufen sanierungsbedürftig.

tigen bis schattigen Bereich. Angepasst an die unterschiedlichen Standorte haben wir daher eine vielfältige Staudenpflanzung angelegt. Im sonnigen Bereich wurden vor allem Pflanzen aus dem Lebensbereich Trockenstandort ausgewählt, wie Natternkopf *(Echium vulgare)*, Berg-Aster *(Aster amellus)*, Ästige Graslilie *(Anthericum ramosum)* und Färber-Hundskamille *(Anthemis tinctoria)* sowie einige Mauerpflanzen wie Weißer Mauerpfeffer *(Sedum album)*, Dickblättrige Fetthenne *(Sedum dasyphyllum)* und Rotes Seifenkraut *(Saponaria ocymoides)*. In den halbschattigen und schattigen Bereichen wächst hingegen eine Komposition aus Pfirsichblättriger Glockenblume *(Campanula persicifolia)*, Berg-Flockenblume *(Centaurea montana)*, Wald-Witwenblume *(Knautia dipsacifolia)*, Christrose *(Helleborus niger)*, Zweiblättrigem Blaustern *(Scilla bifolia)*, Salbeiblättrigem Gamander *(Teucrium scorodonia)*, Echtem Seidelbast *(Daphne mezereum)* und Wald-Geißbart *(Aruncus dioicus)*.

Der Eingangsbereich wurde durch eine abwechslungsreiche Zusammenstellung von Recyclingmaterialien neu gestaltet und der einst grau und abstoßend wirkende Zugang auf beiden Seiten mit Grünflächen ergänzt.

Schattenplatz und Schattensaum

In der Nordostecke, die bislang völlig ungenutzt war, haben wir einen kleinen, gemütlichen Aufenthaltsbereich geschaffen, der den Gartenbesitzern im Sommer eine willkommene Abkühlung bietet. Hier gibt es Platz für einen kleinen Tisch und zwei Stühle, oder man setzt sich einfach mit einem Kissen auf die Sitzmauer, die ebenfalls aus Recyclingmaterial gebaut wurde.

Entlang des Weges auf der Nordseite ist nur wenig Platz zwischen dem Gebäude und dem Nachbargrundstück vorhanden. Leider steht dort eine Thujahecke, die dem Nachbarn gehört und nicht entfernt werden darf. Um die unansehnliche Hecke zu kaschieren, stellen wir ein Rankgerüst davor und lassen es mit Schlingpflanzen bewachsen. Feld-Rose *(Rosa arvensis)* und Waldreben (*Clematis vitalba* und *Clematis alpina*) werden die giftige Hecke schon nach kurzer Zeit verdecken. Im schmalen, schattigen Streifen zwischen dem Weg und dem Rankgerüst wächst zudem eine Komposition aus Wohlriechendem Veilchen *(Viola odorata)*, Hasenlattich *(Prenanthes purpurea)*, Hängepolster-Glockenblumen *(Campanula poscharskyana)*, Wald-Storchschnabel *(Geranium sylvaticum)*, Balkan-Windröschen *(Anemone blanda)*, Wald-Witwenblume *(Knautia dipsacifolia)* und Zimbelkraut *(Cymbalaria muralis)*.

Verwendete Materialien

- Trockenmauern aus Recyclingmaterialien (Beton, Naturstein, Klinker, vorhandene Materialien)
- Trockenmauer im Sitzplatzbereich aus Rorschacher Sandstein
- Bodenplatten aus Rorschacher Sandstein, Oberflächen geflammt, schottischer Verband
- Kiesmaterialien: Wandkies 1. Klasse, Mergel 0–15 mm, Rundkies 4–8 mm, Betonkies 0–30 mm aus der Region
- Brunnen und Wasserspeier aus Rohstahl (Produktion CH)
- Rohrpfosten und Armierungsnetze aus Rohstahl
- Kompost aus regionaler Kompostierungsanlage

Ein Mini-Schattenplatz auf der Nordseite bietet im Hochsommer willkommene Abkühlung. Vor der unschönen Thujahecke wurde ein Metallgerüst mit einem Armierungsgitter montiert. Wildrosen und Waldreben wachsen hier schnell hoch und verdecken die Hecke mit der Zeit vollständig.

Feuerplatz und Naschgarten

In der Südostecke haben wir einen Sitzplatzbereich mit Feuerstelle eingerichtet. Eine Sitzmauer nimmt den Höhenunterschied im Gelände auf und definiert den Raum. Der eigentliche Sitzplatz wird mit Kies gestaltet, der bei richtiger Pflege viele Jahre standfest bleibt. Ein Sitzkorb für zwei Personen schließt den Platz zum Nachbarn hin ab und fungiert gleichzeitig als Sichtschutz. Hinter der Sitzmauer wachsen einige hohe Blütenstauden wie Nachtkerze *(Oenothera biennis)*, Straußblütige Wucherblume *(Tanacetum corymbosum)*, Nachtviole *(Hesperis matronalis)* und Raublatt-Aster *(Aster novae-angliae)*.

Die heißeste und sonnigste Ecke an der Fassade haben wir mit Kies verfüllt und die Komposition «Duftwolke» gepflanzt, die auch einige Küchenkräuter wie Thymian, Rosmarin, Salbei oder Bohnenkraut beinhaltet. Neben Küchenkräutern blühen hier im Frühling verschiedene Krokusse (*Crocus* sp.), dann die Frühlings-Schlüsselblume *(Primula veris)*, die Kartäuser-Nelke *(Dianthus carthusianorum)*, der Weiße Diptam *(Dictamnus albus)* und der Natternkopf *(Echium vulgare)*. Für Wildbienen und andere Insekten ist dieser Bereich ein wahres Schlaraffenland. Am vorhandenen Rankgerüst haben wir ein Birnenspalier und eine Speisetraube eingepflanzt.

Der Wunsch der Familie nach verschiedenen Beerensträuchern wurde an der Südostgrenze in Form eines kleinen Naschgartens umgesetzt. Hier wachsen jetzt Himbeer- und Johannisbeersträucher und in deren Schatten einige Walderdbeeren. Auch eine Rhabarberstaude findet im Naschgarten einen Platz, ebenso verschiedene Minzenarten, Zitronenmelisse und Liebstöckel. Wir nennen diese Komposition entsprechend «Tischlein Deck Dich».

Hinter und neben der Sitzmauer sorgen Blütenstauden aus der Komposition «Herbst Zeit Los» vom Frühling bis in den Herbst für einen Blütenreigen.

In der Südostecke, die bis dahin kaum genutzt wurde, liegt der neue Grillplatz. Eine Sitzmauer nimmt den Höhenunterschied im Gelände auf und definiert den Raum.

Im kleinen Naschgarten wachsen neben diversen Beeren auch verschiedene Minzenarten, Zitronenmelisse und Liebstöckel.

Neues Leben unter der Linde

Aus dem ehemals karg wirkenden Platz, auf dem der prächtige Lindenbaum steht, ist mit nur wenig Veränderung ein lauschiger Wohngarten mit ganz eigenem Ambiente entstanden. Um den Wurzelbereich des Baumes zu schützen, wurde der Rasen in diesem Teil des Gartens belassen. Statt des in die Jahre gekommenen Holzzaunes umfasst nun eine Sitzmauer aus Sandstein den Bereich um die Linde. Sie schließt den Platz zur Böschung hin ab und bietet gleichzeitig eine bequeme Sitz- und Verweilmöglichkeit. Wenn es im Sommer auf dem eigentlichen Sitzplatz zu heiß wird, kann auch der Esstisch mit nur wenig Aufwand auf den Rasen und in den kühlenden Schatten der Linde verschoben werden. Beim Sitzplatz am Haus wurden die alten Waschbetonplatten entfernt und durch Sandstein ersetzt. Der Sandstein hat die angenehme Eigenschaft, Wärme zu speichern und langsam abzugeben. Am Rande des Platzes haben wir einen Brunnen installiert, der mit Regenwasser aus einem Tank gespiesen wird. Das Plätschern filtert unliebsame Nebengeräusche von der Straße und sorgt gleichzeitig für ein entspanntes Ambiente.

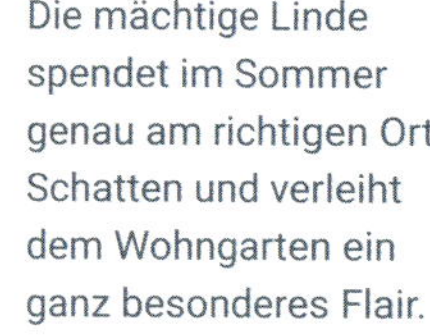

Die mächtige Linde spendet im Sommer genau am richtigen Ort Schatten und verleiht dem Wohngarten ein ganz besonderes Flair.

Eine Sitzmauer aus Sandstein umfasst den Bereich unter der Linde. Sie eignet sich perfekt dazu, sich darauf zu legen oder etwas abzustellen.

Beim bestehenden Sitzplatz wurde der Belag ausgewechselt und ein neuer Brunnen installiert – die wenigen Veränderungen haben zu einem komplett anderen Ambiente geführt.

Das Schmetterlings-Paradies

Sorgenkind der Hausbesitzer war die Böschung zur Straße hin. Sie machte viel Arbeit, war aber dennoch wenig ansehnlich. Tatsächlich sahen die vereinzelten Sträucher auf der mehr oder weniger gepflegten Rasenfläche auch nicht sonderlich ansprechend aus. Wir haben diesen Bereich kurzerhand in einen Bio-Hotspot umgewandelt. Die Böschung wurde mit einer Trockenmauer aus Recyclingmaterial in ihrer Steilheit entschärft. Die vielen Nischen und Röhren, die eingebaut wurden, dienen vielen Tierarten als Lebens- und Rückzugsraum.

Hier wachsen in Zukunft trockenheitsliebende einheimische Gehölze wie Sauerdorn *(Berberis vulgaris)*, Schwarzdorn *(Prunus spinosa)*, Hunds-Rose *(Rosa canina)*, Zimt-Rose *(Rosa majalis)*, Felsenbirne *(Amelanchier ovalis)* und Kreuzdorn *(Rhamnus cathartica)*. Sie werden begleitet von einer Anzahl Stauden aus der Komposition «Prinzessin auf der Erbse», die Schmetterlingen, aber auch anderen Insekten reichlich Nahrung bieten: Dorniger Hauhechel *(Ononis spinosa)*, Blutroter Storchschnabel *(Geranium sanguineum)*, Echtes Labkraut *(Galium verum)*, Weinberg-Tulpe *(Tulipa sylvestris)*, Odermennig *(Agrimonia eupatoria)*, Weidenblättriges Rindsauge *(Buphthalmum salicifolium)*, Echtes Johanniskraut *(Hypericum perforatum)* und Moschus-Malve *(Malva moschata)*.

Nach einer Entwicklungszeit von vier bis fünf Jahren werden die Sträucher das Zepter übernehmen und sich zu einer dichten Hecke verschließen. Vogelarten, die dornige Hecken als Lebensraum benötigen, werden sich über diesen weitgehend störungsfreien Rückzugsort freuen.

An der Böschung zur Straße wachsen neben einheimischen Stauden verschiedene trockenheitsverträgliche Wildgehölze. In kurzer Zeit, wenn die Sträucher eingewachsen sind, wird sich der Pflegeaufwand auf ein Minimum reduzieren.

Den Abschluss zur Straße bildet eine Trockenmauer aus Recyclingmaterial. Der davor liegende Kiesstreifen wurde mit trockenheitsverträglichen Wildstauden bepflanzt. Zusammen mit der Bepflanzung der Trockenmauer ist so ein Lebensraum für verschiedene Wildbienen und andere Insekten entstanden.

Das Echte Labkraut *(Galium verum)* und die Straußblütige Wucherblume *(Tanacetum corymbosum)* wachsen gerne an trockenen Heckenrändern oder in Blumenwiesen.

In Etappen zum Traumgarten

Die meisten Gartenkonzepte lassen sich, so wie dieses hier auch, in Etappen umsetzen. Das hat den Vorteil, die nötigen Investitionen auf mehrere Jahre verteilen zu können. Allerdings muss man sich auch bewusst sein, dass eine Ausführung in Etappen insgesamt kostenintensiver ist als eine einmalige Umbaute, da gewisse Installationen der Baustelle, das Einrichten von Lagerplätzen oder das Erstellen von Baupisten mehrmals erfolgen muss.

Eine Etappierung sollte mit dem ausführenden Gartengestalter vorab ausführlich besprochen werden, damit man sich Überschneidungen ersparen kann. Der Gartengestalter weiß auch, wie ein idealer Ablauf beim Gartenumbau aussehen muss, damit man effizient arbeiten kann. Es ist durchaus sinnvoll, den Etappenplan bereits vor dem ersten Spatenstich zu erarbeiten und die einzelnen Ausführungsschritte gemeinsam festzulegen. Unter Umständen ist es für einen Gartenbauer auch interessant, gewisse Arbeiten in einer ruhigen Jahreszeit auszuführen und damit Lücken in seinem Terminplan zu füllen, was sich im besten Fall auch günstig auf den Preis auswirken kann.

Kiesbeläge richtig anlegen und pflegen

Kiesbeläge sind, wenn sie richtig gebaut werden, einfach im Unterhalt. Sie schaffen ein angenehmes Mikroklima und bieten zugleich Lebensraum für Pflanzen und Tiere. Außerdem sind Kiesbeläge wasserdurchlässig. Das Regenwasser kann somit direkt an Ort und Stelle versickern und wieder in den natürlichen Kreislauf gelangen.

So wird der Kiesbelag richtig gebaut

Im Fachjargon bezeichnet man Kiesbeläge als wassergebundene Wegedecken oder Chaussierung. Wie der Name schon sagt, handelt es sich dabei also um eine Wegedecke, die mit Wasser gebunden wird. Kiesbelag wird sowohl für Geh- als auch für nur gering belastete Fahrwege oder Parkflächen eingesetzt. Der Aufbau erfolgt in drei Schichten:

¬ Als Unterbau wird je nach späterer Belastung 20 bis 50 cm Kiessand eingebaut und verdichtet.

¬ Auf diese Fundationsschicht wird eine Mergelschicht von ca. 6 cm aufgetragen und verteilt. Je nach Region ist der vorkommende Mergel von anderer Farbe – von anthrazit über braun bis hellgelb. Die Farbe spielt eine untergeordnete Rolle. Wichtiger ist, dass der Mergel einen hohen Kalkanteil besitzt. Denn Kalk reagiert zusammen mit Wasser und sorgt für einen Abbinde-Prozess ähnlich wie bei Beton. Der Mergel wird anschließend mit Brechsand abgestreut, gewässert und gewalzt (nicht gerüttelt!). Nach einer Woche wird dieser Vorgang wiederholt. Der Mergelbelag muss nun austrocknen, bis er hart und fest wird.

¬ Auf diesen harten Untergrund wird nun je nach Nutzungsansprüchen eine feine Splitt- oder Rundkiesschicht aufgetragen.

So wird der Kiesbelag richtig gepflegt

Damit die wassergebundene Oberfläche nicht verletzt wird, dürfen Kiesbeläge auf keinen Fall ausgejätet werden. Mit dem Herausziehen von Wurzeln würde sonst die oberste Schicht verletzt werden und die Steine würden sich aus dem Verbund lösen. Durch das Aufreißen der Oberfläche wird der Belag zudem immer loser und lockerer und damit erst recht zu einem Saatbeet für unerwünschte Kräuter, die sich ungehemmt ausbreiten können. Aus diesem Grund dürfen unerwünschte Kräuter ausschließlich abgeschnitten oder abgebrannt werden. Abgeschnitten werden sie mit einer Pendelhacke, einem Gerät, das normalerweise im Gemüsegarten Verwendung findet und sich für diesen Zweck hervorragend eignet. Gependelt wird bei trockenem Wetter. Das Schnittgut lässt man auf der Oberfläche liegen, bis es eingetrocknet ist, und nimmt es dann bequem mit einem Laubrechen zusammen. Größere Flächen können alternativ auch mit Heißluft, Gas oder Schaum behandelt werden. Entsprechende Geräte dazu sind im Handel erhältlich. Der Einsatz von Unkrautvernichtungsmitteln (Herbizide) ist im Privatgarten auf offenen Flächen verboten und kann ein empfindliches Bußgeld zur Folge haben.

Kiesbeläge sind vegetationsfähig

Mit dem Bau eines Kiesbeetes (Fundationsschicht) ändert sich der Bodenaufbau und damit die Feuchtigkeits- und Nährstoffverhältnisse. Diese Standorte werden von trockenheitsliebenden Stauden wie Natternkopf, Wilde Möhre, Wegwarte, Kartäuser-Nelke, Resede oder Andorn sehr geschätzt. Auch Küchenkräuter, die ursprünglich aus dem Mittelmeerraum zu uns gekommen sind, bevorzugen diese Standorte. Dazu gehören Rosmarin, Gewürz-Salbei, Thymian, Oregano, Estragon und Bohnenkraut.

Kiesbeläge sind nicht nur optisch reizvoll, sondern haben im Gegensatz zu versiegelten Flächen auch den Vorteil, dass Regenwasser direkt im Boden versickern kann. Zudem bieten sie für viele Pflanzen- und Tierarten einen idealen Lebensraum.

13

Kleiner Garten mit großem Wohlfühlfaktor

Auch dieser kleiner Einfamilienhausgarten zeigt, dass es keineswegs große Grundstücke braucht, um sich den Traumgarten vor die Haustür zu holen. Was es braucht, sind vielmehr gute und kreative Ideen, wie man kleine Flächen geschickt aufteilt und so Raum für die verschiedenen Wünsche und Bedürfnisse der Besitzer schafft.

Die Ausgangslage

Zum Spielen und Toben mit den Kindern hat der Garten jahrelang seinen Dienst getan. Nun sind die Kinder dabei, das Elternhaus zu verlassen, und das Ehepaar wünscht sich einen Garten, der mehr ihren Bedürfnissen entspricht. Statt einer reinen Rasenfläche wünschten sie sich eine kleine Oase mit einem Wasserelement sowie einen gemütlichen Sitzplatz mit Feuerstelle. Auch der gedeckte Teil zwischen Wohnhaus und Garage sollte in das Umgestaltungsprojekt einbezogen werden. Hier sollte ein zweiter, wohnlicher Sitzplatz entstehen, sodass die Eigentümer sich je nach Jahres- oder Tageszeit im Garten zwischen den verschiedenen Sitzbereichen entscheiden können. Wichtig war ihnen schließlich auch ein besserer Sichtschutz, der sowohl im Sommer als auch im Winter Einblicke von der Straße und von den Nachbarhäusern in den Garten oder in die Wohnzimmerfenster verwehrt.

Das Konzept

Für diesen Garten wurden zwei Konzepte ausgearbeitet. Das Konzept «Nymphea» arbeitet mit natürlichen, geschwungenen Formen. Aus der ehemaligen Rasenfläche wird ein Kiesplatz, in dessen Mitte ein kleines, kreisförmig angelegtes Feuchtbiotop entsteht und den Raum in zwei kleinere Sitzbereiche aufteilt. Der Sichtschutz zur Straße hin wird ausschließlich mit Sträuchern erreicht, einzig an der Ostseite schließt eine Spaltholzwand den Garten ab. Die Bodenfläche zwischen Garage und Wohnhaus wird mit einem Holzdeck ausgelegt.
Die Variante «Abendhauch» arbeitet hingegen mit klaren, geraden Formen. Ein rechteckiges Wasserbecken aus Stahl wird im Boden eingelassen und mit einem feinen Wasserspiel ergänzt. Als Sichtschutz zur Straße und zum Nachbarn dienen mobile Steinwände, nur einzelne Bereiche dazwischen sind mit Sträuchern bepflanzt. Als Bodenbelag werden hier Kies und Klinker verwendet.
Umgesetzt wurde schließlich diese zweite Variante, allerdings wünschten sich die Eigentümer statt der Stein- die Spaltholzwände aus dem Konzept «Nymphea».

«Nymphea»

1 Holzdeck aus Lärche

2 Glaswand mit Schiebetür

3 Spaltholzwand «Wooden Heart» (2,40 m hoch)

4 Komposition aus Bauernjasmin, Liguster, Bibernell-Rose, Labrador-Rose, Strauchrose, Wildem Flieder, Wolligem Schneeball und Wacholder

5 Rundkiesbelag

6 Seerosenteich mit Quellstein

7 Feuerschale

8 Holzstämme

9 Spaltholzwand «Wooden Heart» (1,60 m hoch), berankt

«Abendhauch»

1 Klinkerpflaster

2 Glaswand mit Schiebetür

3 Holzlager

4 Mobile Steinwände als Sichtschutz, berankt mit Schlingrosen und Clematis

5 Komposition aus Wildapfel, Färber-Ginster und Bibernell-Rose

6 Rundkiesbelag

7 Feuerschale

8 Wasserbecken aus Stahl mit Wasserspeier, bepflanzt

9 Strauchrose und Wacholder

Ein offener und ein gedeckter Sitzbereich

Der ehemals mit Betonplatten belegte Bereich am Haus sowie der Bereich zwischen Haus und Garage werden mit Klinker belegt. Der Klinker ist ein Material aus gebranntem Ton und eine sehr gute Alternative zu Betonsteinen. Im Gegensatz zu Beton ist der Klinker wesentlich angenehmer zu begehen, wenn es heiß ist. Das Ausgangsmaterial für den Klinker ist stark tonhaltiger Lehm, der für ausgeglichene Oberflächentemperaturen sorgt. Außerdem strahlt er mit seinem rotbraunen Ton Wärme aus und schafft ein wohnliches Ambiente. Der Klinkerbelag entwickelt sich hier vom gedeckten Sitzplatz in den Garten hinaus und schafft damit eine optische Verbindung zwischen den beiden Bereichen. Die Ränder hin zum Kiesbelag des Außensitzplatzes sind fließend gestaltet. So entsteht ein dynamischer und zugleich harmonischer Übergang. Der Vorteil des Kiesbelags gegenüber einem Rasen ist naheliegend. Auf einem Kiesbelag fließt Wasser nach einem Regenguss sofort wieder ab und der Platz ist schon kurze Zeit später wieder benutzbar, wohingegen ein Rasen noch lange feucht bleibt und dann nicht oder nur eingeschränkt benutzt werden kann.

Im Laufe der Projektierung wurde klar, dass der Platz eine weitere Beschattung benötigt. Deshalb wurde ein Hochstammbaum, eine Hopfenbuche *(Ostrya carpinifolia)*, gepflanzt, die zugleich auch die Einblicke von den höhergelegenen Häusern auf der Nordseite etwas mehr einschränkt. Wir haben uns dabei bewusst für einen jungen Baum entschieden, damit er sich an diesem Standort gut etablieren kann. Er wird sich an diesem trockenen, windgeschützten Standort über die Jahre zu einem natürlichen Schattenspender entwickeln. Die Hopfenbuche stammt aus Südeuropa und ist einer der Bäume, die aufgrund der Klimaveränderung bei uns in Zukunft wohl immer häufiger verwendet werden.

Der gedeckte Sitzplatz zwischen Haus und Garage erhält durch den Bodenbelag und die neue Aufteilung ein ganz anderes, wohnliches und wärmeres Ambiente. Das war letztendlich auch der Wunsch der Hausbesitzer, die diesen Platz sehr oft nutzen, insbesondere in den Übergangszeiten. Die zusätzlich eingebauten Schiebefenster verhindern den Durchzug bei Nordwind. Durch diese Maßnahme und die Installation eines kleinen Holzofens lässt sich der Raum nun auch an Wintertagen nutzen. Durch den identischen Bodenbelag und die Spaltholzwand, die sich auch im Außenbereich wiederfindet, öffnet sich der gedeckte Innenbereich optisch nach außen und gibt den Eigentümern das Gefühl, im offenen Garten zu sitzen.

Als Bodenbelag wurde ein Klinkerpflaster gewählt. Die Farbe des Steins schafft ein wohliges, warmes Ambiente. Dieser Klinker wird in Wittmund (Norddeutschland) in einem kleinen Klinkerwerk hergestellt. Dazu wird eine Tonmischung verwendet, die jedem Stein einen individuellen Charakter verleiht.

Den Eigentümern war es wichtig, den Bereich zwischen Wohnhaus und Garage in die Gestaltung miteinzubeziehen und dort einen gemütlichen Sitzplatz einzurichten.

Ein Wohngarten als Lebensraum

Der zentrale Wohngarten mit der Feuerstelle und dem Wasserbecken aus rohem Stahl wird zur Straße hin durch die Holzwände geschützt. Die Konstruktion ist denkbar einfach und besteht aus einem Stahlrahmen, der aus Winkeleisen geschweißt ist. Das Spaltholz wird möglichst gleichmäßig und eng in den Rahmen geschichtet. Es bietet nicht nur einen effektiven Sichtschutz, sondern wirkt auch als leichter Lärmschutz zur Straße und zum Nachbargrundstück.

Zusammen mit einer Bepflanzung mit vorwiegend heimischen Sträuchern und Stauden, die den Sichtschutz mit den Holzwänden etwas auflockern, wird aus den Sichtschutzelementen zugleich ein wertvoller Lebensraum für verschiedene Tiere.

Zugegeben, die Anzahl der Möglichkeiten für Artenvielfalt ist in einem kleinen Garten beschränkt. Insbesondere, was die Gehölze betrifft. Trotzdem haben in diesem Garten ein Wildapfelstrauch *(Malus sylvestris)*, eine Traubenkirsche *(Prunus padus)* sowie eine Rainweide *(Ligustrum vulgare)* ihren Platz gefunden. Bei den Stauden sind es vor allem Wildstauden aus dem Lebensraum Heckenrand, die integriert wurden: Blutroter Storchschnabel *(Geranium sanguineum)*, Frühlings-Schlüsselblume *(Primula veris)*, Hügel-Anemone *(Anemone sylvestris)*, Astlose Graslilie *(Anthericum liliago)*, Pfirsichblättrige Glockenblume *(Campanula persicifolia)* und Wirbeldost *(Clinopodium vulgare)*. An den Rändern des Kiesplatzes wachsen außerdem Nesselblättrige Glockenblumen *(Campanula trachelium)*, Stinkende Nieswurz *(Helleborus foetidus)* und Gelber Lerchensporn *(Corydalis lutea)*.

Im Wasserbecken schließlich sorgen Sumpf-Schwertlilie *(Iris pseudacorus)*, Froschlöffel *(Alisma plantago-aquatica)* und Teichbinse *(Schoenoplectus lacustris)* für die Wasserregeneration und bringen zugleich etwas Grün in diesen Gartenbereich.

Verwendete Materialien

- Wittmunder Klinkerpflaster (Norddeutschland)
- Trockenmauer aus Recyclingmaterial (weitgehend vor Ort vorhanden)
- Wasserbecken, Stahlrahmen für Spaltholzwände und Teil der Sichtschutzwand neben der Garage aus rostendem Stahl
- Kiesmaterialien: Wandkies 1. Klasse, Straßenkies gebrochen 0–15 mm, Rundkies 4–8 mm aus der Region

Spaltholzwände schaffen Sichtschutz zur Straße und zum Nachbarn. Im Laufe der Zeit werden die Zwischenräume von Tieren als Unterschlupf genutzt – so entwickeln sich die Sichtschutzwände zu einem Lebensraum.

Das Holz in den Wänden hält sich über zehn Jahre und länger. Es liegt in einem Stahlrahmen, der nicht direkt mit der Erde in Berührung kommt und dadurch vor Verwitterung gut geschützt ist. Seitlich trocknet es immer wieder ab und oben wird es von einem Blechdeckel vor Regenwasser geschützt.

Das Material für die Recyclingmauern stammt weitgehend aus dem Rückbau des alten Gartens.

Für das Wasserbecken aus rohem Stahl genügt ein Fundament aus Wandkies, weil es in gewachsenen Boden eingelassen wird.

Über Geld sprechen

«Über Geld spricht man nicht, man hat es einfach». Diesen Spruch bekam man von meinem Vater immer dann zu hören, wenn man ihn nach den Kosten für eine Anschaffung gefragt hat. Ich bin jedoch der Meinung, dass man über die Kosten für ein Umgestaltungsprojekt von Beginn an offen kommunizieren sollte. Es ist für den Gartengestalter wichtig zu wissen, mit welchem Investitionsvolumen ein Kunde rechnet. Denn oft liegen, wie im vorliegenden Fall, die Wünsche und das Budget weit auseinander und es braucht den Prozess der Projektplanung, um bezüglich der Kosten auf einen gemeinsamen Nenner zu kommen. Das Budget entscheidet unter anderem auch über die Wahl der Materialien. So sind Natursteinbeläge je nach Materialwahl wesentlich kostspieliger als Böden aus Recycling- oder Betonmaterial. Auch die Qualität der verbauten Materialien hat Auswirkungen auf die Kosten. So zahlt man für ein erstklassiges Holzdeck aus Schweizer Lärchenholz verständlicherweise mehr als für eines aus Billigholz vom Baumarkt. Durchschnittspreise pro Quadratmeter Garten, wie man sie im Internet findet, helfen bei individuellen Projekten in der Regel wenig. Denn neben den Kosten für die Gestaltungselemente, die den Garten später zieren sollen, spielen etwa auch die Zufahrts- und Lagermöglichkeiten eine große Rolle. Rückbauten, Rodungen und umfangreiche Erdarbeiten machen bei Gartenumgestaltungen einen Großteil, nämlich gut ein Drittel, der Gesamtkosten aus. Die Kosten für die Ausarbeitung eines Gartenkonzeptes machen im Verhältnis zu den Kosten für das Gesamtprojekt maximal 5 % aus. Die Kosten für die Pflanzung werden dagegen oft überschätzt. Werden keine Solitärpflanzen verwendet, macht die Begrünung nur 15–20 % der Kosten aus. Was vielen Hausbesitzern zu Beginn der Projektierung als hoher Gesamtpreis erscheint, relativiert sich meistens, wenn sie sehen, welcher Arbeitsaufwand hinter diesem Preis steht.

Das Grundstück liegt direkt an der Straße und ist damit gut zugänglich. Kurze Transportwege und gute Ablade- und Lagermöglichkeiten wirken sich positiv auf die Kosten eines Projektes aus.

Verwendung von Stahl im Garten

In den letzten Jahren ist Stahl in der Gartengestaltung zunehmend in Mode gekommen, und das nicht ganz zu Unrecht. Denn abgesehen von der Optik sind es vor allem die vielfältigen Einsatzmöglichkeiten, die Stahl für den Garten attraktiv machen. Ob Wasserbecken oder Brunnen, Sichtschutzwände, Pergolen oder Gartenpavillons: fast jede Idee kann mit Stahl umgesetzt werden.

Gut zu wissen

- Rost ist ein Korrosionsprodukt, welches durch Oxidation mit Sauerstoff im Zusammenhang mit Wasser entsteht. Letztendlich zersetzen sich also im Laufe der Zeit alle rostenden Stahlelemente. Je nach Stärke des Materials kann dieser Prozess allerdings Jahrzehnte dauern.
- Stahlteile, die im Boden einbetoniert werden, sind vor Feuchtigkeit geschützt.
- Wasserbecken, die mehr als 150 cm lang oder breit sind, sollten aus technischen Gründen an den Seitenwänden verstärkt oder am oberen Rand abgebogen sein. Eine Stahldicke von mindestens 5 mm wird empfohlen.
- Bei Brunnen oder Wasserbecken lösen sich im Wasser immer wieder einzelne, kleine Stahlteile durch die Korrosion ab. Mit zunehmendem Alter wird weniger Material abgelöst. Durch Korrosion abgelöstes Material ist gesundheitlich unbedenklich und kann bei der Reinigung des Beckens mit entfernt werden.
- Unbehandelte Stahlkonstruktionen, die auf empfindlichen Untergründen stehen (Beton, Naturstein, Klinker, Holz, etc.), sollten behandelt werden, damit sich die Bodenplatten nicht durch Rostwasser verfärben.
- Stahlteile können durch verschiedene Oberflächenbehandlungen geschützt werden:
  - Feuerverzinken: der Stahl wird mit einer dünnen Schicht Zink überzogen, die vor Korrosion schützt, dabei wird das Werkstück in ein Zinkbad getaucht
  - Spritzverzinken: Zinkpulver wird auf das Werkstück aufgespritzt
  - Galvanisch verzinken: Die Werkstücke werden als Kathoden in die Lösung gehängt, als Anode benutzt man eine Elektrode aus möglichst reinem Zink. Der Korrosionsschutz ist weniger langlebig als bei den anderen Methoden, die Werkstücke werden deshalb oft anschließend noch pulverbeschichtet.
  - Pulverbeschichten oder Einbrennlackieren ist ein Beschichtungsverfahren, bei dem ein elektrisch leitfähiger Werkstoff mit Pulverlack beschichtet wird. Es ist eine individuelle Farbgebung möglich.
- Stahl kann mehrfach recycelt werden.
- Eisen aus dem unbehandelten Stahl (ohne Oberflächenbehandlung) ist, wenn es korrodiert oder weggeworfen wird, für Menschen, Tiere und Pflanzen nicht toxisch.

Stahl ist ein überaus vielseitig einsetzbares Material, das je nach Form, Farbe und Struktur ganz unterschiedliche optische Effekte im Garten erzeugen kann.

14

Vom Mauerblümchen zum Gartenparadies

Es gibt Gärten, die dringend eine Auffrischung benötigen, um in neuem Licht zu erstrahlen: Gartenbereiche, die einfach nie genutzt werden, aber einen bedeutenden Teil der Grundfläche ausmachen. Dann wieder sind es Ecken mit einem alten Schuppen oder einem Gartenhaus, die kurz davor sind, zu verfallen. Vielleicht fehlt es manchmal einfach am Mut oder an der Zeit, diese «Mauerblümchen» endlich zu strahlenden Blumen zu machen.

Die Ausgangslage

Der Garten am Rande des Pfannenstiels im Kanton Zürich gehört definitiv zur Kategorie «Mauerblümchen» – zumindest gilt dies für den nördlichen Teil des Gartens, der immerhin gut die Hälfte der Gesamtfläche des Grundstückes ausmacht. Zudem sind da Wünsche und Träume der Eigentümer, die bisher nicht in Erfüllung gegangen sind. Nach mehreren Besuchen einer renommierten Gartenmesse haben sich die Hausbesitzer schließlich dafür entschieden, ihren Traumgarten mit einem Naturgartengestalter in die Wirklichkeit umzusetzen. Der Wunschzettel ist umfangreich und beinhaltet neben Pflanzenwünschen auch einen wind- und wettergeschützten Raum, in den man sich gemütlich zurückziehen kann, einen Carport sowie einen neuen Schuppen, um die Gartengeräte unterbringen zu können. Auch ein Naschgarten mit Beeren sowie verschiedene Nischen und Sitzbereiche, die zum Verweilen und Genießen einladen, gehören zu den Wünschen der Gartenbesitzer.

Das Konzept

Bei der Entwicklung des Konzeptes wurde schnell klar, dass nicht nur der nördliche Teil, sondern der gesamte Garten in die Gestaltung einbezogen werden musste, um alle Wünsche der Eigentümer berücksichtigen zu können und gleichzeitig eine harmonische Gesamtgestaltung zu erreichen. Denn gerade bei den Nebengebäuden galt es, neben gestalterischen auch baurechtliche Aspekte zu beachten: Sie mussten so in das Gelände eingefügt werden, dass sie auch bewilligungsfähig waren. Um die Gebäude entsprechend platzieren zu können, wurde schließlich auch für die Südseite ein Konzept entwickelt, obwohl dieser Bereich vor einigen Jahren bereits einmal umgebaut worden war. Für den gewünschten Gartenpavillon wurde auf der Nordseite ein idealer Platz gefunden, für Schuppen und Carport an der Grundstücksgrenze auf der Südseite. Gestalterisch sind die beiden Gartenteile so angelegt, dass sich zwei ganz unterschiedliche Gartenbereiche mit je eigener Atmosphäre ergeben: Während im Norden Pavillon, Kiesbelag und verschiedene (Hecken-)Sträucher dominieren, sind es im Süden verschiedene Staudenpflanzungen und der neu vorgeschlagene Gartenteich mit lauschigem Sitzbereich, die das Bild bestimmen.

1 Gartenpavillon – Holzkonstruktion mit Glas-Schiebetüren, Bodenbelag aus Recyclingplatten, berankt mit Blauregen

2 Rundkiesbelag

3 Kletterhortensie

4 «Dornröschen» – Hecken- oder Strauchkomposition, vorwiegend aus robusten Wildrosen, Schwarzdorn und Liguster

5 «Duftwolke» – Streifen für wunderbar duftende Stauden

6 Holunder (bestehend)

7 «Zaunkönig» – dichte Wildhecke mit Haselstrauch, Pfaffenhütchen, Schwarzdorn, Schneeball, Hartriegel u. a.

8 Apfelbaum (bestehend)

9 «Merlin» – Auslese von üppigen Waldstauden, geheimnisvollen Farnen und kräftigen Gräsern

10 Kirschbaum (bestehend)

11 «Tischlein deck dich» – Naschgarten mit verschiedenen Beeren, Minzen, Melissen und Wildstauden

12 Sitzplatz mit Plattenbelag (bestehend)

13 Holzdeck mit Sitznische

14 Trockenmauer aus Recyclingmaterial

15 Staudenbeete (bestehend)

16 Hecke (bestehend, Exoten jedoch teilweise entfernt und durch heimische Sträucher ersetzt)

17 Gartenteich

18 Fahrradschuppen und Scheune

19 Strauchrose

20 Sitzplatz (bestehend), Sitzmauer aus Recyclingmaterial (neu)

21 Bauernjasmin (bestehend)

22 Gemüsebeet (bestehend)

Der neue Garten auf der Nordseite

Der nördliche Gartenteil wurde, wie von Beginn an gewünscht und angedacht, komplett neu gestaltet. Der Rasen wurde vollständig entfernt und durch einen Kiesbelag ersetzt. Den Pavillon haben wir als schlichten Holzbau konzipiert und zusammen mit einem versierten Holzbauer umgesetzt. Mitten auf dem Kiesplatz platziert, teilt er diesen Bereich in zwei Gartenzimmer. Die Schiebetüren aus Glas geben auf beiden Seiten den Blick frei auf die beiden neu entstandenen Sitzplatzbereiche und erlauben es, sich auch bei Regen oder niedrigeren Temperaturen mitten im Garten aufzuhalten. An der Grundstücksgrenze sorgen ein wundervoller Kirschbaum, ein alteingewachsener Apfelbaum sowie ein großer Holunderstrauch bereits für etwas Sichtschutz und natürlichen Schatten. Um den Garten zum Nachbargrundstück und zu den Mehrfamilienhäusern auf der Nordseite besser abzugrenzen, wurden die bestehenden Gehölze mit einer Strauchgruppe aus Hasel *(Corylus avellana)*, verschiedenen Wildrosen (*Rosa*-Arten), Echtem Wacholder *(Juniperus communis)* und Schneeball *(Viburnum opulus)* ergänzt. Unter den Sträuchern haben verschiedene Halbschatten- und Schattenstauden einen Platz gefunden. Hier wachsen unter anderem der Klebrige Salbei *(Salvia glutinosa)*, der ausschließlich für große Flächen eingesetzt wird, weil er sich gerne ausbreitet, der Wald-Storchschnabel *(Geranium sylvaticum)*, die Nachtviole *(Hesperis matronalis)*, die Breitblättrige Glockenblume *(Campanula latifolia)*, die Mandelblättrige Wolfsmilch *(Euphorbia amygdaloides)*, das Lungenkraut *(Pulmonaria officinalis)*, das wunderschöne Immenblatt *(Melittis melissophyllum)*, der Echte Wurmfarn *(Dryopteris filix-mas)* und die Wald-Schmiele *(Deschampsia caespitosa)*, die, wenn es ihr gefällt, ganz viel Raum in Anspruch nehmen kann.

Die Ränder der Kiesplätze in diesem Bereich sind mit Stauden bepflanzt, die sowohl Trockenheit als auch Schatten ertragen. Das sind nur eine Handvoll einheimische Arten, wie die Stinkende Nieswurz *(Helleborus foetidus)*, der Knoblauchhederich *(Alliaria petiolata)*, die Zweiblättrige Schattenblume *(Maianthemum bifolium)*, die Gefleckte Taubnessel *(Lamium maculatum)* und das Ruprechtskraut *(Geranium robertianum)* – eine unterschätzte Pflanze, sowohl, was ihre ästhetische Qualität (Blüte, Blatttextur und Herbstfärbung) als auch ihre Wirkung als Antidepressivum in der Phytomedzin angeht.

Der Nordgarten wird durch den neuen Gartenpavillon in zwei Sitzbereiche aufgeteilt. Die Glas-Schiebewände ermöglichen es, sich bei Regen oder kühler Witterung auch drinnen wie mitten im Garten zu fühlen.

Der vorhandene Kirschbaum und zwei weitere bestehende Bäume wurden in das Konzept integriert. Sie sorgen für Geborgenheit und natürlichen Schatten.

In den Randbereichen der Sitzplätze mit Kiesbelag wachsen Stauden aus der Komposition «Sandmännchen», wie Gelber Lerchensporn *(Corydalis lutea)*, Nesselblättrige Glockenblume *(Campanula trachelium)*, Scharbockskraut *(Ranunculus ficaria)* und Knoblauchhederich *(Alliaria petiolata)*.

Der Naschgarten und die Feuerstelle

Im östlichen Teil des Gartens ist ein idealer Platz für Beeren und Teekräuter, die eher halbschattige Standorte und einen nährstoffreichen, humosen Boden mögen. Beides war hier gegeben. Der Boden musste mit Kompost noch etwas aufgebessert werden, die mikroklimatischen Bedingungen hingegen waren bereits ideal. Neben verschiedenen Beerenarten wachsen mehrere Minzen-Sorten, Zitronenmelisse, Liebstöckel und Rhabarber. Begleitet werden die Nutzpflanzen von verschiedenen Wildstauden. Im frühen Frühling blühen Frühlings-Krokus *(Crocus vernus)*, Zweiblättriger Blaustern *(Scilla bifolia)* und Schneeglöckchen *(Galanthus nivalis)*. Später gesellen sich Nachtviole *(Hesperis matronalis)* und Akelei *(Aquilegia vulgaris)* dazu, die wiederum von Nesselblättriger Glockenblume *(Campanula trachelium)* und Wald-Storchschnabel *(Geranium sylvaticum)* abgelöst werden. Im Herbst strecken einige Herbst-Anemonen *(Anemone hupehensis)* ihre weißen Blütenköpfe aus dem Meer an Minzen.

Der Sitzplatz mit Feuerstelle auf der Westseite blieb bestehen, wurde aber zusätzlich mit einer Sitzmauer eingefasst. Diese gibt dem Platz den nötigen Halt und schafft Geborgenheit. Außerdem lässt sich die Mauer wunderbar als Abstellfläche nutzen. Der Gemüsegarten, ebenfalls nach Westen orientiert, wurde etwas erweitert, blieb aber in seinen Grundzügen erhalten.

Auf dieser Fläche ist der neue Naschgarten geplant. Der östliche Gartenteil eignet sich ideal für die Pflanzung von Beerenpflanzen und Teekräutern, die beide halbschattige Standorte bevorzugen.

Der Sitzplatz auf der Westseite wurde erhalten und lediglich mit einer Sitzmauer eingefasst. Die Mauer gibt dem Platz optisch Halt und lässt sich zudem als Ablagefläche nutzen.

Im neuen Naschgarten wachsen neben verschiedenen Beeren- auch Minzen-Arten, Melisse, Liebstöckel und Rhabarber, die alle einen nährstoffreichen, humosen Boden bevorzugen.

Der Südgarten

Der gewünschte Carport mit der Scheune wurde an der Grundstücksgrenze platziert und schließt so den Garten zur Straße hin ab. Dieser Gebäudeteil wurde wie der Gartenpavillon als Holzbau realisiert. Das Design stammt vom Gartengestalter, die technische Planung und Ausführung vom Holzbauer. Der Bodenbelag besteht aus verschiedenen Recyclingmaterialien. Dabei wurde auch Material aus dem Rückbau des Gartens wiederverwendet.

Kernstück des Südgartens ist der neue, großzügige Gartenteich. Um eine ausreichend große und ebene Fläche für das Wasser zu schaffen, wurde der Höhenunterschied mit einer Trockenmauer aus Recyclingmaterial überwunden. Ein Wasserspiel mit einem Speier wurde direkt in die Trockenmauer mit eingebaut. Es ist ein geschlossener Wasserkreislauf, bei dem Teichwasser über einen Rundskimmer angesogen wird und anschließend über den Wasserspeier wieder in den Teich zurückfließt.

Ein kleiner Sitzbereich direkt am Teich wird sicher zu einem der Lieblingsplätze werden – auf dem Holzdeck aus heimischem Lärchenholz lässt es sich wunderbar entspannen.

Die Bepflanzung im Südgarten wurde bis auf wenige Sträucher, die erhalten blieben, neu konzipiert. Hier wachsen in Zukunft verschiedene Wild- und Strauchrosen wie die Bibernell-Rose *(Rosa spinosissima)*, Alpen-Hagrose *(Rosa pendulina)*, Hecht-Rose *(Rosa glauca)* sowie die Strauchrose 'Amy Robsart'. Ein Wunsch der Hausbesitzerin war zudem ein Blumenbeet, das bis in den Herbst immer wieder Blüten hervorbringt. Neben verschiedenen Wildstauden haben wir deshalb auch einige im Spätsommer und im Herbst blühende Stauden miteingebracht: allen voran den Purpur-Sonnenhut *(Echinacea purpurea)*, aber auch etwas Gelben Sonnenhut *(Rudbeckia fulgida)* und einige Raublatt-Astern *(Aster novae-angliae)*.

Der Carport mit Schuppen, ein schlichter Holzbau, schließt den Garten zur Straße hin ab und schützt den neuen Gartenteil mit Teich zugleich vor Einblicken. Der Höhenunterschied im Gelände wurde mit einer Trockenmauer aus Recyclingmaterial aufgenommen.

Der Sitzplatz am Teich lädt, geschützt von Sträuchern und Blütenstauden, zum Entspannen ein.

Obwohl es von den Eigentümern zunächst nicht explizit gewünscht war, wurde schließlich auch der südliche Teil des Gartens umgestaltet.

Verwendete Materialien

- Trockenmauern aus Recyclingmaterialien (Beton, Naturstein, Klinker, vorhandene Materialien)
- Bodenbeläge aus Recyclingmaterialien (Beton- und Natursteinplatten, Pflastersteine aus Beton und Naturstein, Klinker, Schottischer Verband)
- Kiesmaterialien: Wandkies 1. Klasse, Mergel 0–15 mm, Rundkies 4–8 mm, Betonkies 0–30 mm, Beton für Fundamente aus der Region
- Holzbauten aus Fichte und Lärche (CH-Holz und CH-Produktion)
- Rohrpfosten für Beerengerüste aus verzinktem Stahl
- Kompost aus regionaler Kompostierungsanlage

Die Bepflanzung wurde bis auf wenige Sträucher, die erhalten blieben, neu konzipiert. Hier wachsen nun verschiedene Wild- und Strauchrosen sowie Blütenstauden aus der Pflanzenkomposition «Herbst Zeit Los».

Schon früh im Jahr gedeihen verschiedene Frühlingsblüher wie diese Frühlings-Schlüsselblume *(Primula veris)*. Später werden die Frühblüher von Berg-Flockenblume *(Centaurea montana)* und Nachtviole *(Hesperis matronalis)* abgelöst.

Bis zum Sommer haben sich die Blütenstände des Gelben Fingerhuts *(Digitalis lutea)* hochgearbeitet. Diese heimische Pflanze wächst vor allem in den Bergen auf Wiesen und ist eher selten bei uns anzutreffen.

Spätsommer und Herbst werden bestimmt von verschiedenen Sonnenhut-Arten (*Echinacea* sp.) und einer Auswahl von Raublatt- und Glattblatt-Astern *(Aster novae-angliae, Aster novi-belgii)*.

Frucht- und Samenstände der einheimischen Wildrosen und Wildstauden haben im Herbst und vor allem im Winter ihren eigenen Reiz; es entstehen wunderbare Winterbilder im Garten. Samen und Früchte sind Nahrung für Vögel und in den abgestorbenen Pflanzenteilen überwintern viele Insektenarten.

Mit Eigenleistung Geld sparen?

Kann man mit Eigenleistungen Kosten einsparen? Diese Frage kommt bei Gartenprojekten immer wieder auf den Tisch, denn Gartenarbeit kann schließlich jeder – meinen viele. Selbst mitzuwirken, liegt also sozusagen auf der Hand. Die Antwort auf die Frage lautet: «Ja, aber nur, wenn man die richtigen Arbeiten selbst erledigt.» Generell ist es wenig sinnvoll, bei Arbeiten mitzuhelfen, die entweder ein spezifisches Fachwissen oder ganz einfach Routine erfordern, wie etwa beim Bau einer Trockenmauer. Während ein geübter Steinarbeiter zusammen mit einem Facharbeiter bis zu 10 m² Mauerwerk am Tag erstellen kann, schafft ein handwerklich geschickter, aber ungeübter Laie vielleicht 1 m² pro Tag. Auch Maschinenarbeiten sind wenig sinnvoll, wenn man nicht die nötige Übung im Umgang mit den Baumaschinen hat. Bei Arbeiten, die einfach in der Handhabung sind und den Bauablauf nicht unnötig tangieren oder verzögern, kann sich eine Mitarbeit hingegen durchaus lohnen. So etwa bei allen Vorbereitungsarbeiten, wie dem Zurückschneiden oder Zusammenbinden von Pflanzen, der Rodung oder generell bei Rückbauten. Diese Arbeiten können vor dem Baubeginn in aller Ruhe von den Gartenbesitzern selbst erledigt werden. Auch eine Mithilfe bei den Pflanzungen bietet sich an. Sie macht nicht nur ungemein Freude, sondern hilft auch, Kosten zu sparen. Eine Pflanzanleitung durch eine Fachperson unterstützt beim richtigen Einpflanzen. Eine Pflanzaktion zusammen mit Freunden oder Nachbarn endet nicht selten in einem wunderbaren Gartenfest.

Bei allen Arbeiten, die selbst ausgeführt werden, muss man sich jedoch bewusst sein, dass sie ohne Gewährleistung erfolgen. Während bei einer Umsetzung durch den Fachmann die Garantiebestimmungen aus den jeweiligen Normen gelten, sind diese bei Eigenleistungen nicht gewährt – also heißt es, gut überlegen, an welcher Stelle man das Risiko selbst tragen will und kann, bevor man sich über die Kosteneinsparungen freut.

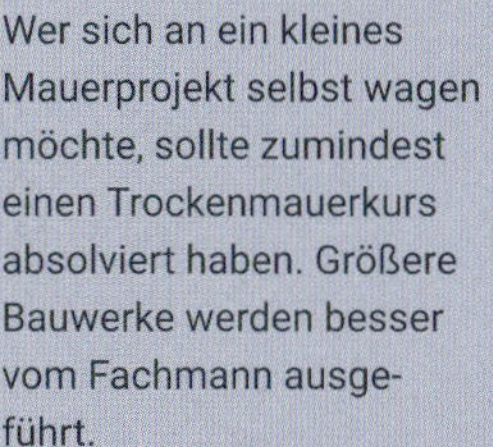

Wer sich an ein kleines Mauerprojekt selbst wagen möchte, sollte zumindest einen Trockenmauerkurs absolviert haben. Größere Bauwerke werden besser vom Fachmann ausgeführt.

Für alle Arbeiten, die der Eigentümer selbst ausführt, gibt es keine Gewährleistung durch einen Unternehmer. Es ist also ratsam, sich gut zu überlegen, bei welchen Arbeiten man das Risiko selbst tragen will.

Verwendung von Holz im Garten

Holz ist nicht nur ein natürliches, sondern auch ein sehr vielseitig einsetzbares Material, das in der Gartengestaltung gerne verwendet wird. Gerade bei Konstruktionen im Freien, die ständig der Witterung ausgesetzt sind, gibt es jedoch einiges zu beachten, damit die Holzbauten nicht schon nach kurzer Zeit dem Zerfall preisgegeben sind.

Gut zu wissen

- Grundsätzlich gilt: Holz und Feuchtigkeit vertragen sich schlecht. Daher sollte beim Bau bzw. bei der Konstruktion immer darauf geachtet werden, dass nicht zu viel Holzfeuchte entstehen kann. Liegt diese längerfristig über 20 %, haben Schädlinge wie Pilze oder Insekten leichtes Spiel.
- Mit konstruktivem Holzschutz lässt sich bereits viel erreichen. Werden Holzelemente richtig verbaut, braucht Holz keinen chemischen Schutz. Die Holzteile sollten dabei so eingebaut sein, dass die Oberfläche entweder nicht von Wasser erreicht wird, Wasser rasch abfließen und/oder Feuchtigkeit gut ablüften kann. Zum Beispiel:
  - Holzteile nicht direkt in das Erdreich einbauen, sondern immer mit einem Abstand zum Boden
  - Holzkanten abschrägen (z. B. bei Zaunpfählen)
  - rissarme Hölzer verwenden
  - Dachüberstände oder Abdeckungen mit einplanen
- Die Wahl der Holzart sollte stets auf die entsprechende Verwendung abgestimmt sein. So eignen sich zum Beispiel Fichte und Tanne sehr schlecht für Holzdecks, für verdeckte Bauteile wie Längs- oder Querträger oder als Konstruktionsholz hingegen gut. Dort, wo Holz mit Feuchtigkeit oder Wasser in Berührung kommt, ist die Holzart Eiche *(Quercus robur)* zu empfehlen.
- Auch der Standort sollte stets mitgedacht werden. So sind beispielsweise Bodenbeläge aus Holz für schattige und halbschattige Standorte ungeeignet, weil sich hier sofort eine Algenschicht bildet. Die Oberflächen werden rutschig und auch schnell unansehnlich.
- Die Qualität des Holzes muss sorgfältig geprüft und ausgewählt werden. Lärchenholz eignet sich grundsätzlich sehr gut für Holzdecks, wenn es sich um Kernholz handelt, Splintholz dagegen ist dafür nicht geeignet.
- Holz sollte immer trocken eingebaut und verbaut werden. Damit lassen sich trocknungsbedingte Schwindverformungen, Verdrehungen oder Rissbildungen reduzieren, aber auch Schädlingsbefall durch Pilze oder Insekten verhindern.
- Holz schützt sich selbst durch die Patina, die nach kurzer Zeit aufgrund der Witterung entsteht. Diese natürliche Schutzschicht erübrigt den Einsatz von Farben, Lacken oder Holzschutzmitteln.

- Die Verwendung von Tropenhölzern sollte grundsätzlich vermieden werden. Mittel- und Nordeuropa verfügt über ausgedehnte Waldflächen mit vielen verschiedenen witterungsbeständigen Gehölzarten. Aus diesen und anderen Gründen ist es absolut unnötig, Tropenhölzer im Garten einzusetzen. Auch wenn diese zertifiziert sind, wird dafür Regenwald abgeholzt und die Hölzer müssen von weit her transportiert werden.
- Beim Kauf von Holzprodukten (Bauholz, Holz für Bodenbeläge, Möbel) sollte schließlich nicht nur darauf geachtet werden, woher das Holz stammt, sondern auch, wie es verarbeitet wurde. Die Art und Weise, wie und wann das Holz geschlagen, aufgesägt und getrocknet wurde, ist entscheidend für die Qualität. Holzlieferanten, die darüber keine Auskunft geben können oder wollen, sollten besser nicht beauftragt werden.
- Bei der Auswahl einer Fachperson gilt: Für große Bauten und grobe Arbeiten ist der Zimmermann zuständig, für feine, filigrane Arbeiten oder für feingliedrig gestaltete Oberflächen der Schreiner. Wählen Sie einen Holzbauer, der über Erfahrung mit Holzbauten im Garten verfügt (insbesondere bei Holzdecks unentbehrlich).

Im Naturgarten verwenden wir ausschließlich heimische Holzarten, deren Oberflächen naturbelassen sind und mit der Zeit eine schützenden Patina ausbilden.

Holzarten im Überblick

Name	Farbe	Eigenschaften
Europäische Lärche *(Larix decidua)*	Splint gelb-weiß, Kern rotbraun-braun	weich, starker Harzgehalt, Kernholz sehr witterungsbeständig
Douglasie *(Pseudotsuga menziesii)*	Splint gelblich-weiß, Kern rötlich-braun	spröde und hart, wenig drehwüchsig
Fichte, Rottanne *(Picea abies)*	glänzend gelblich-weiß bis gelb (Splint und Kern lassen sich nur schwer unterscheiden)	weich, harzreich
Wald-Kiefer *(Pinus sylvestris)*	Splint gelblich-weiß, Kern gelblich-braun	weich
Stiel-Eiche *(Quercus robur)*	Splint gelb-weiß, Kern gelblich-braun	hart, hoher Gerbstoffgehalt
Esche *(Fraxinus excelsior)*	Splint weiß, Kernholz bräunlich	hart, sehr elastisch
Tanne, Weißtanne *(Abies alba)*	matt gelblich-weiß (Splint und Kern sind nicht zu unterscheiden)	weich, leicht spaltbar (haltbarer als Rottanne)
Edel-Kastanie *(Castanea sativa)*	Splint grauweiß-gelblichweiß, Kern gelblichbraun-braun	hart und dicht, schwindet wenig, wenn es trocken ist
Robinie *(Robinia pseudoacacia)*	Splint gelblichweiß-hellgelb, Kern grünlichbraun-hellbraun	sehr hart, zäh, schwer, schwindet wenig

Geeignet für	Zum Beispiel
Innenbereich, Außenbereich, Konstruktion, Möbel	Holzdeck (nur Kernholz ist witterungsbeständig), Gartenmöbel, Fassadenverkleidungen für Gartenhäuser, Pavillons, Sichtschutzwände, Pflanzgefäße, Hochbeete
Innenbereich, Außenbereich, Konstruktion	Gartenhäuser, Pavillons, Geräteschuppen, Pflanzgefäße, Hochbeete, auch als Konstruktionsholz für diverse Gartenbauten
Innenbereich, Außenbereich, Konstruktion	Konstruktionsholz für Gartenhäuser, Pavillons, Carports, Fassadenverkleidung an geschützten Bereichen, Sichtschutzwände, die gut durchlüftet sind, Holzdecks (als günstige, aber kurzlebige Alternative zu Lärche)
Innenbereich, Außenbereich, Konstruktion	Konstruktionsholz für Gartenhäuser, Pavillons, Hochbeete, Pflanzgefäße, Holzdecks (weniger witterungsbeständig als Lärche)
Innenbereich, Außenbereich, Konstruktion, Möbel	Dauerhafte Gartenmöbel, Schwimmbadleiter, Holzpflaster, Stützen oder Pfähle, die teilweise im Wasser stehen
Innenbereich, Möbel	Gartenmöbel (z. B. Bänke, Stühle), Stiele für Gartenwerkzeuge
Innenbereich, Außenbereich, Konstruktion, Möbel	Konstruktionsholz für Gartenhäuser, Pavillons, Carports, Hochbeete, Pflanzgefäße, Gartenmöbel
Innenausbau, Außenbereich, Möbel	Stangen, Pfähle, Kanthölzer für Treppenstufen, Staketen für Zäune, Latten für Bänke, Tische und Stühle, Holzpflaster, Spielgeräte
Außenbereich, Möbel	Pfähle und Stangen für Zäune und Gerüste, Kanthölzer für Treppenstufen, Latten für Bänke, Tische, Stühle, Spielgeräte, Erd- und Wasserbau, Sichtschutzwände

Dieser Gartentisch und die Bänke wurden aus einem Eichenstamm gesägt und nach mehrjähriger Lagerung verarbeitet. Für witterungsbeständige Gartenmöbel eignen sich auch Esche, Robinie oder Edelkastanie.

Anhang

Bildnachweis

Carmen Hocker (www.stilbluete.ch): Coverbild, S. 2, S. 17, S. 20–25, S. 29, S. 31, S. 34, S. 36 rechts unten, S. 37 links oben u. links unten, S. 38–39, S. 41, S. 46–49, S. 51, S. 53, S. 58 rechts unten, S. 80, S. 83, S. 86–92, S. 95, S. 100–102, S. 103 oben u. unten rechts, S. 105–106, S. 108–109, S. 145, S. 148, S. 149 oben, S. 151 oben, S. 152 unten, S. 153, S. 154 rechts unten, S. 155 rechts, S. 156, S. 178–179, S. 195 links unten, S. 196–197, S. 201, S. 204, S. 205 unten, S. 206–208, S. 211, S. 223 rechts, S. 229, S. 231, S. 232

Alle anderen Bilder stammen von Winkler Richard Naturgärten

Register

Peter Richard

Der gestaltete Naturgarten

Wildromantische Gärten planen und bauen

2018. 256 Seiten,
350 Fotos, 94 Zeichnungen, gebunden
ISBN 978-3-258-08024-6

Dass ein Naturgarten keine chaotische Wildnis sein muss und ein Gartengestalter elegantes Design auch mit einheimischen Arten, auf Nachhaltigkeit geprüften Materialien und unter Berücksichtigung der Bedürfnisse von Menschen und Tieren kombinieren kann, das zeigt der bekannte Naturgartenspezialist Peter Richard in diesem Buch.

Vom ersten Gartenkonzept über die genaue Planung und Vorbereitung bis zum Bauen von Wegen, tierfreundlichen Mauern und Treppen, lauschigen Gartenhäusern und Gartenteichen für Mensch und Tier bietet das Buch Anleitungen und Anregungen für naturnahe Gärten.

Mit vielen Fotos, Zeichnungen und Plänen zeigt der Autor, wie die Natur im Garten den nötigen Spielraum bekommt, das Gärtnern entspannt bleibt und die Ästhetik ihren Platz erhält.

Peter Richard

Pflanzenkompositionen für den Naturgarten

Pflanzenauswahl und Inspirationen für das ganze Jahr

2020. 256 Seiten,
305 Fotos, 13 Zeichnungen, gebunden
ISBN 978-3-258-08196-0

Naturgärten können wild und unordentlich sein – müssen es aber nicht.

In seinem neuen Buch zeigt Landschaftsgärtner und Naturgartenspezialist Peter Richard, wie mit einheimischen Stauden und Gehölzen ein absichtsvoll gestaltetes und dennoch naturnahes Gartenparadies entstehen kann. Dabei erklärt er, welche Pflanzen sich nebeneinander wohlfühlen und an welchen Standorten sie gedeihen, worauf man bei Kauf und Transport achten sollte – und wie man alles richtig pflanzt und pflegt.

Ergänzt wird das Buch mit hilfreichen Einpflanzskizzen, zahlreichen Ideen für naturnahe Pflanzenkompositionen und detaillierten Pflanzlisten.